Umschlaggestaltung: Thomas Majhen
Druck und Verlag: Amazon.com, Inc.
www.Amazon.de

www.thomas-majhen.de
www.facebook.com/die.barfibel/

Wie man mit Trinkgeld ein Vermögen aufbaut

von
Thomas Majhen

Inhaltsverzeichnis

Teil II

Wie aus mehr noch mehr wird: Trinkgelder sinnvoll verwenden

Vorwort

Wenn Sie dieses Buch gekauft haben, dann arbeiten Sie vermutlich selbst als Kellner in irgendeinem Gourmettempel oder beglücken mit Ihren Mixkünsten ein ausgehfreudiges Publikum in irgendeiner Bar. Sodann ist es nur natürlich, wenn Sie sich für die möglicherweise wichtigste Einkommensquelle in Ihrem Berufsleben interessieren und nach Tipps und Tricks Ausschau halten, wie sich diese Quelle ergiebiger zum Sprudeln bringen lässt. Denn auch wenn das Trinkgeld in aller Regel noch immer eine freiwillige Gabe ist, so gibt es doch zahlreiche Mittel und Wege die Geber dazu zu animieren, etwas tiefer in die Tasche zu greifen als sie dies üblicherweise vielleicht tun würden. Wie immer, wenn man es mit Menschen zu tun hat, spielt dabei Psychologie eine große Rolle und mit den richtigen psychologischen Kniffen lässt sich auch in diesem Zusammenhang vieles erreichen. Selbstverständlich wird nicht jede Vorgehensweise bei jedermann gleich gut funktionieren, manch einer erweist sich gar als immun gegen jedweden diesbezüglichen Manipulationsversuch. Doch unter dem Strich werden Sie schon bald feststellen, dass sich nach der Lektüre dieses Buches Ihr durchschnittliches Trinkgeldaufkommen deutlich erhöhen wird.

Sein Einkommen kurzfristig mit Hilfe von einigen simplen Regeln zu steigern ist zwar schön und gut, darüber hinaus möchte ich Ihnen aber außerdem zeigen, wie Sie die zusätzlich generierten Monetas sinnvollerweise verwenden sollten, um Ihr Geld weiter zu vermehren. Die übliche Vorgehensweise von gastronomischem Personal besteht nämlich darin, den Verwendungszweck des Trinkgeldes wortwörtlich und unverzüglich in die Tat umzusetzen: Kaum hat man den eigenen Arbeitsplatz verlassen, geht es auch schon schnurstracks in die Bar um die Ecke, wo ein guter Teil des hart erarbeiteten Trinkgelds vertrunken und direkt an den nächsten Glücklichen weitergereicht wird – der es mit hoher Wahrscheinlichkeit auch nicht viel anders damit halten wird. Personal von in der Nähe liegenden Lokalen zählte ich stets zu meinen bevorzugten Gästen, denn zwar ließ das Benehmen in einigen Fällen zu wünschen übrig (wer den ganzen Abend vornehm tun und sich zusammenreißen muss, lässt hinterher gerne Mal die Sau raus), aber dafür saß das Portemonnaie besonders locker an der Hüfte. Einerseits habe ich durch diesen Umstand viel Geld an meinen Berufsgenossen verdient, andererseits empfand ich dieses Verhalten aber als äußerst unvernünftig und nichts lag mir je ferner als meine mühsam gefüllten Taschen in gleicher Weise innerhalb kürzester Zeit wieder zu entleeren.

Eines haben Gastronomen wie auch Menschen aus anderen Berufen gemeinsam, erschreckend viele können nicht sonderlich gut mit Geld umgehen und passen ihre Ausgaben umgehend ihren Einnahmen an, weshalb auch nach einer Gehaltserhöhung am Ende eines Monats nicht mehr übrig bleibt als zuvor. Das ist der Grund, warum es im Laufe seines Lebens kaum einem Angehörigen der Mittelschicht gelingt ein Vermögen aufzubauen und auch längerfristig zu behalten, und es ist auch die Erklärung dafür, wie es frischgebackenen Lottomillionären doch tatsächlich gelingen kann, ihren Gewinn innerhalb weniger Jahre auf den Kopf zu hauen und letztlich wieder mit Löchern in den Taschen und noch dazu ohne Freunde dazustehen.

Aus diesem Grund ist das Buch in zwei Teile gegliedert. In Teil I lernen Sie, wie Sie Ihr durchschnittliches Trinkgeld praktisch und innerhalb kürzester Zeit erhöhen können; die dort angeführten Tipps und Tricks können Sie sofort umsetzen und damit Ihre Einnahmen schon während Ihrer nächsten Schicht steigern. Teil II ist hingegen etwas umfangreicher und auch komplexer; mit vielem, das dort behandelt wird, mögen Sie sich vielleicht noch nie in Ihrem Leben beschäftigt haben. Lassen Sie sich davon aber nicht entmutigen, denn all das ist nun wirklich kein Hexenwerk und schlimmstenfalls dann ein wenig kompliziert, wenn man zum allerersten Mal davon hört. Das einzige Rüstzeug, das Sie hierfür mitbringen müssen, ist Geduld sowie die Bereitschaft sich ein wenig weiterzubilden.

Alles, was dieses Buch enthält, habe ich mir selbst im Verlauf mehrerer Jahre angeeignet. Einiges davon lernte ich recht schnell, andere Erkenntnisse ließen jedoch leider etwas länger auf sich warten. Gerade was die Themen des zweiten Teils angeht bin ich zu meinem eigenen Bedauern erst vergleichsweise spät hinter viele Dinge gekommen. Niemand hat mir zum Thema Finanzen je einen sinnvollen Ratschlag erteilt, in meinem privaten Umkreis gab es nie Geld oder andere Vermögenswerte und damit auch niemanden, der hierüber sonderlich gut Bescheid gewusst hätte. Ich musste erst durch puren Zufall auf das eine oder andere Buch stoßen, das mir wiederum den Weg zu einem weiteren Buch wies usw. So führte eins zum anderen und der Groschen fiel zwar etwas verspätet, aber immerhin fiel er dennoch und versetzte mich so schließlich in die Lage, meine übrigen Groschen mit gesteigerter Effizienz zu vermehren.

Ich weiß, dass es vielen Menschen wie mir geht: sie kommen aus „normalen“ Verhältnissen und beschreiten den üblichen Weg eines Angestellten; sie arbeiten ihr Leben lang für andere, gönnen sich einmal im Jahr einen kleinen Urlaub und hoffen darauf, dass am Ende die Rente wenigstens zur Aufrechterhaltung des gewohnten Standards reichen wird. Diesen sogenannten normalen Werdegang empfinde ich schon lange als überaus frustrierend, tatsächlich halte ich ihn sogar für sehr traurig. Daran, dass dennoch viele Millionen diesen Weg jeden Tag aufs Neue unbeirrt beschreiten, ist allerdings weniger das System schuld, in dem wir leben. Schuld ist unser eigener

Mangel an Wissen darüber, wie dieses System überhaupt funktioniert. Wir werden hierauf ganz einfach nicht vorbereitet. Dieses Buch soll Ihnen aus diesem Grund nicht einfach nur dabei helfen, am Ende des Monats mehr Geld in der Tasche zu haben, es soll Ihnen Möglichkeiten aufzeigen, wie Sie den Trott durchbrechen und das System für Ihre Zwecke nutzen können.

Zum Schluss wartet auf Sie noch ein Link mit Buchempfehlungen, die ich Ihnen dringend nahelegen möchte. Es handelt sich dabei sämtlich um Werke, die mich auf meinem Weg zur finanziellen Erkenntnis unglaublich vorangebracht haben. Lesen Sie die dort aufgelisteten Bücher auch dann, wenn Sie sich eher zu den lesefaulen Gesellen zählen, denn es geht dabei nicht um „Feuchtgebiete Teil III" oder „Harry Potter Band 21", es geht um Ihr eigenes Geld. Auch wenn Sie nur einen winzigen Teil des Erlernten umsetzen wollen, so verspreche ich Ihnen dennoch, dass es eine Bereicherung für Sie sein wird - und zwar im wahrsten Sinne des Wortes.

Thomas Majhen, Berlin 27.01.2018

Teil I

Mehr als nur eine nette Geste und wie man mehr davon bekommt: Das Trinkgeld

Das Geld zum Vertrinken

Das Trinkgeld existiert laut schriftlichen Überlieferungen in Deutschland spätestens seit dem 14. Jahrhundert. Damals handelte es sich um eine Art außerhalb der Vereinbarung stehender, zusätzlicher Geldleistung, die man den Angehörigen miserabel bezahlter Berufe, darunter Handwerker, Fuhrleute und auch so manchen Beamten (!), entgegenbrachte. Einerseits konnte man mit dem Trinkgeld seine Zufriedenheit mit dem geleisteten Dienst ausdrücken, andererseits half es aber auch, die damals noch um einiges schwerfälligere Bürokratie zu schmieren. Man kann es also durchaus auch als eine Art Bestechungsgeld ansehen, mit dessen Hilfe sich so manche Angelegenheit beschleunigen ließ oder Mitwisser zum Schweigen gebracht werden konnten. Der berühmte Freiherr Adolph von Knigge (1752 – 1796) bezeichnete das Trinkgeld daher auch - deutlich vorsichtiger ausgedrückt - als eine „selbstverständliche Möglichkeit, Unannehmlichkeiten aus dem Weg zu schaffen". Es diente dabei wörtlich zum „Vertrinken" und wurde deshalb mancherorts auch „Biergeld" genannt. Was den Wortlaut aber auch den Sinn und Zweck des Trinkgelds angeht, scheint sich seit über 600 Jahren also nicht allzu viel verändert zu haben, denn viele Gastronomen versaufen mit beharrlicher Regelmäßigkeit einen Großteil ihres sauer verdienten Tips.

Darüber hinaus wurde es allerdings zeitweise auch genutzt, um weibliche Bedienungen zu mehr als nur dem Servieren von Getränken zu animieren. Das Trinkgeld stand also auch schon einmal im Verruf, die Prostitution zu fördern, weshalb im späten 19. und frühen 20. Jahrhundert sogar ein Verbot angestrebt wurde. Das allerdings ließ sich nicht durchsetzen, da es sich schon immer um eine freiwillige Leistung gehandelt hatte, die zwar üblich aber keinesfalls vorgeschrieben war.

Natürlich hat sich nicht nur in Deutschland ab dem

Mittelalter eine Kultur des Trinkgeldgebens herausgebildet, in sehr vielen Ländern existiert eine ähnliche, zum Teil sogar ältere Tradition. Über die Herkunft des dem Englischen entstammenden und auch bei uns mittlerweile gerne verwendeten Wortes „Tip“ wird allerdings noch immer gestritten. Möglicherweise wurde es der im 17. Jahrhundert gebräuchlichen Gangstersprache entnommen, wo „to tip“ im Sinne von „weiterleiten“ oder „weitergeben“ verwendet wurde, wenn also Schmiergelder oder ähnliches im Spiel waren. Ob das Wort „Tip“ hingegen ursprünglich tatsächlich als Abkürzung für „to improve promptitude“ (zu Deutsch „zur Steigerung der Schnelligkeit“) entstanden ist, darf angezweifelt werden. Sicher ist jedenfalls, dass es seit Anfang des 18. Jahrhunderts im Sinne von „Trinkgeld“ bzw. „Trinkgeld geben“ in England gebräuchlich ist und seit wenigen Jahrzenten auch bei uns Einzug gehalten hat.

Zu den Empfängern von Trinkgeld lassen sich Beamte oder andere Staatsbedienstete in aller Regel schon längst nicht mehr zählen (bei Bestechungsgeldern bin ich mir da allerdings nicht so sicher). Neben Taxifahrern und unter Umständen noch Handwerkern zählen vor allem die Angestellten des Gastgewerbes zu den Hauptnutznießern. Es ließe sich auch kaum auf andere Weise Nachwuchs für die Branche gewinnen, denn wie schon der berühmte Bartender Harry Johnson im 19. Jahrhundert wusste, sind die Gewinnspannen in der Gastronomie einfach zu niedrig um den Angestellten ein hohes Gehalt bezahlen zu können. Das liegt zu einem guten Teil am Staat, der es den Restaurantbetreibern in vielen Bereichen nicht gerade einfach macht, hat aber auch mit den teils äußerst hohen Betriebskosten und dem enormen Konkurrenzdruck zu tun, der gerade in der Gastronomie besonders hoch ist.

Restaurants gibt es wie Sand am Meer, unter anderem auch deshalb, weil sich der Volksglaube, das sei nicht schwer und könne jeder, seit vielen Jahren hartnäckig hält. Die laufenden Kosten werden dabei gerne unterschätzt, zudem gibt es in kaum einer anderen Branche einen derart gnadenlosen Konkurrenzkampf. Während sich die wenigen großen Konzerne der Autobauer, Energieriesen und Pharmaindustrien auch schon mal gerne untereinander einigen, sich über Absatzmärkte und Verkaufspreise absprechen und auf diese Weise praktisch die Konkurrenz zwischen ihnen ausgeschaltet wird, ist eine solche Vorgehensweise in der Gastronomie eher selten anzutreffen. Hier kämpft jeder für sich allein und die Masse der Gegenspieler ist geradezu einschüchternd. Gerade mit dem Verkauf von Speisen ist schon längst kaum mehr ein vernünftiger Gewinn zu erwirtschaften und so ist es nur natürlich, wenn von Seiten der Inhaber stets versucht wird, die Gehälter der Angestellten so weit wie möglich zu drücken. Deshalb kommt dem Trinkgeld eine derart große Bedeutung zu, nicht nur im Leben von Kellnern und Barmännern, sondern in leicht abgeschwächter Form auch in demjenigen von Köchen, Spülern und Zimmermädchen.

Sehr oft entspricht es den Tatsachen, dass die Höhe des regelmäßigen Trinkgeldes der des Gehalts gleichkommt oder es in nicht wenigen Fällen sogar deutlich übertrifft. Es stellt also eine bedeutende Einkommensquelle für die meisten Gastronomiemitarbeiter dar, das zwar in seinem Aufkommen sehr stark schwanken kann, sich dafür aber mit einigen Tipps und Tricks recht einfach beeinflussen lässt. Eben darin liegt einer der Vorteile des Trinkgelds begründet, denn es lässt sich tatsächlich aktiv steigern und ist zudem in der Regel dem Zugriff des Staates entzogen. Auf der anderen Seite führt dies aber eben auch dazu, dass man vieles falsch machen kann, im Falle von Krankheit oder Urlaub kaum die regelmäßigen Unkosten decken kann und bei Erreichen des Rentenalters voraussichtlich auf die Grundsicherung angewiesen sein wird. Trinkgeldempfänger zu sein ist also eine heikle Angelegenheit, mit der man erst einmal umzugehen lernen muss, denn sie erfordert Umsicht und vorausschauendes Handeln.

Wie aber sehen die deutschen Gäste die Sache mit dem Trinkgeld, für die es meist eine eher abstrakte Angelegenheit darstellt? Würden sie gerne weniger geben oder es gar abschaffen wollen? Hier die Ergebnisse einer Umfrage des Online-Reservierungs-Service Bookatable by Michelin aus dem

Jahr 2017, bei der 670 Gäste aus dem deutschsprachigen Raum befragt wurden:

Ich gebe nur ungern oder nie Trinkgeld.	11 %
Aufgrund der schlechten Bezahlung in der Branche gebe ich etwas Trinkgeld bzw. runde auf.	34 %
Guter Service und gute Qualität müssen auch honoriert werden.	55 %
Am liebsten würde ich das Trinkgeld einfach beim Verlassen des Lokals auf dem Tisch liegen lassen.	15 %
Mir wäre es lieber, wenn das Trinkgeld bereits in den Preisen inbegriffen wäre und ich mir darüber keine Gedanken mehr zu machen brauchte.	12 %

Quelle: Bookatable by Michelin

Glücklicherweise lassen diese Zahlen erkennen, dass die meisten Menschen noch immer gerne Trinkgeld geben, sofern sie mit dem Besuch im Restaurant oder der Bar zufrieden waren. Es lässt sich aber auch eine gewisse Unsicherheit herauslesen, denn viele tun sich schwer mit dem Trinkgeld, wissen nicht wie viel sie nun geben sollen oder kommen sich gar blöd dabei vor. Wer noch nie in der Branche gearbeitet hat, der kann auch kaum wissen, welche enorme Bedeutung es für uns hat. Sprüche wie „In meinem Beruf bekomme ich ja auch kein Trinkgeld" oder „Die Preise sind auch so schon hoch genug" dürften da kaum mehr jemanden überraschen.

Seit Jahren höre ich von Kollegen immer wieder die Beschwerde, dass die Trinkgeldmoral der Gäste abnehmen würde, es käme immer weniger dabei rum. Ich höre dieses Gejammer nun schon so lange, mittlerweile müssten wir eigentlich längst bei Null angekommen sein oder sogar draufzahlen. Meiner Meinung nach ist das nichts weiter als unbegründetes Frustablassen, über die Jahre ist das Trinkgeldaufkommen wohl in etwa gleich geblieben. Im Gegensatz zu den meisten meiner Berufsgenossen notiere ich täglich mit wie viel Trinkgeld ich nach Hause gehe, ich besitze also einen recht zuverlässigen Überblick darüber. Wer dies versäumt, lässt sich wohl verhältnismäßig stark von „schlechten Tagen“ beeindrucken, die es selbstverständlich immer wieder einmal gibt. Entscheidend ist jedoch der monatliche bzw. jährliche Durchschnitt, und der zeigt sich auch von geplatzten Immobilienblasen, Finanzkrisen und Griechenlandrettungen recht unbeeindruckt. Ich werde später noch einmal darauf zurückkommen, doch möchte ich Ihnen schon jetzt empfehlen, es mir gleichzutun und sich Ihr Trinkgeld täglich aufzuschreiben. Wer sich zudem den dazugehörigen Umsatz notiert, der kann sich durch Errechnen des durchschnittlichen Prozentsatzes weitere Klarheit über sein Abschneiden verschaffen.

Vergessen Sie nicht, es geht in diesem Buch darum, Ihr Trinkgeld durch zweierlei Weise zu vermehren, durch eine Steigerung der Quote selbst und durch eine sinnvolle Verwendung des gesteigerten Zuflusses. Ich fordere Sie auf, das Trinkgeld endlich über die ursprüngliche Bedeutung des Wortes zu erheben und mehr damit anzustellen als es nur zu vertrinken. Lassen Sie das „Biergeld“ des Mittelalters hinter sich und erreichen Sie das Zeitalter des Kapitalismus.

Andere Länder, anderes Tippen

Bevor wir nun zu den heißersehnten Tipps zur Auspolsterung der Geldbörse kommen, möchte ich zuvor noch eine Übersicht über die Trinkgeldkulturen einiger Länder ausarbeiten. Ich habe mich hierzu keiner wissenschaftlicher Methoden bedient oder langjährige Studien durchgeführt. Es handelt sich vornehmlich um eigene Erfahrungswerte, die Sie vielleicht bestätigen können, es ist aber auch genauso gut möglich, dass Sie gänzlich andere Erfahrungen gemacht haben und nicht in allen Einzelheiten mit mir übereinstimmen. Jedenfalls habe ich gerade in Bezug auf die Prozentangaben auch die Internetseiten der landesspezifischen Tourismusbehörden genutzt, die hierüber wichtigen Aufschluss geben und mir als Referenzquelle gedient haben.

Deutschland und Österreich

Hierzulande und auch in Österreich ist es seit längerem üblich zwischen 5 und 10 % des Rechnungsbetrages als Trinkgeld zu veranschlagen. Die Höhe richtet sich dabei einerseits nach der Höhe der Rechnung (je höher diese ausfällt, desto geringer der Prozentsatz des Trinkgeldes), andererseits aber natürlich auch nach der Zufriedenheit des Gastes. Überhaupt kein Trinkgeld zu geben ist selbstverständlich immer dann möglich, wenn der Service oder die Qualität der Speisen oder Getränke miserabel waren, der Kellner bzw. Bartender Ihre Frau angebaggert hat oder aber Ihre Piña Colada mit sauer gewordener Sahne, einigen Fruchtfliegen on Top und einem dicken roten Lippenstiftabdruck am Glasrand serviert wurde. In diesem Fall sollten Sie aber stets bedenken, dass gerade ein Kellner mit der Güte der zubereiteten Speisen und Getränke nur sehr selten auch direkt etwas zu tun hat und daher auch für evtl. Missstände diesbezüglich nicht verantwortlich gemacht werden sollte. War bspw. der Service gut aber das Essen schlecht, halten Sie mit Ihrer Kritik nicht hinter dem Berg und stellen Sie klar, dass Ihr Trinkgeld ausdrücklich dem Kellner zukommen soll. War hingegen alles in Ordnung und Sie geben dennoch gar kein oder nur ausgesprochen wenig Trinkgeld, beweisen Sie damit nur, dass Sie entweder geizig oder ignorant sind. Mit Unwissenheit kann sich hierzulande schon lange kein Pappenheimer mehr billig davonschleichen.

Allerdings bestehen in Deutschland auch zum Teil gravierende regionale Unterschiede beim Geben von Trinkgeld. Denn so hinterlassen gerade Mitbürger aus den neuen Bundesländer (kann man nach bald 30 Jahren noch von „neu" sprechen?) unterdurchschnittlich wenig bis gar kein Trinkgeld – was bis heute vielleicht den einen oder anderen Kellner zur Flucht in den Westen veranlasst haben mag.

England, Irland, Schottland

Ähnlich wie in Deutschland ist ein Trinkgeld (engl.: „Tip") von rund 10 % der Rechnungssumme üblich. Allerdings gibt es einige Abweichungen: In Pubs bestellt man als Gast seine Getränke im Regelfall direkt am Tresen und trägt den Stoff auch selbst zum Tisch. Daher ist in Kneipen ein Trinkgeld eher der Ausnahmefall. Anders ist die Situation im Restaurant oder ganz allgemein in Lokalen mit Bedienung. Hier sollte man sich wiederum an die 10%-Regel halten, wobei einige Restaurants freundlicherweise schon von Haus aus 10 bis 15 % auf die Rechnungssumme aufschlagen, was durchaus erlaubt ist. Sodann kann man sich als Gast allerdings jedes weitere Trinkgeld sparen. Übrigens ist dieser Kniff auch in Deutschland möglich, doch müssen dann auch noch Steuern auf dieses Zwangstrinkgeld abgeführt werden. Es sollte also nicht mehr länger verwundern, wenn englische Gäste ihre Getränke an der Theke bestellen, so lange in wartender Position verharren bis diese kredenzt sind, sofort bezahlen und freundlich lächelnd keinen müden Heller auf dem zerkratzten Tresen hinterlassen.

Auch die Iren gelten wie ihre englischen Nachbarn nicht gerade als maßvolle oder stille Zecher, in dieser Hinsicht unterscheiden sie sich kaum von den anderen Bewohnern der Inseln. Immerhin sind sie meist zugänglicher und eher bereit ein paar Kröten für den Bartender springen zu lassen. Schotten trinken ebenfalls gerne und viel, doch geht dies in aller Regel deutlich ruhiger und gesitteter vonstatten, als bei Engländern und Iren. Allerdings führt ihr ausgeprägter Nationalstolz dazu, dass sie sich auch im Ausland ausgesprochen konservativ verhalten: getrunken wird mit besonderer Vorliebe Whisky aus der verregneten Heimat. Immerhin konnte ich den sprichwörtlichen schottischen Geiz bislang noch nicht feststellen.

Niederlande

Auch die Niederlande warten mit einer Trinkgeldgewohnheit von 5 bis 10 % auf. Neben der Mehrwertsteuer ist in der Rechnung oft noch ein Bearbeitungsaufschlag enthalten, der allerdings dem Inhaber nicht jedoch dem Personal zugutekommt. An diese hervorragende Ausrede sollten Sie sich erinnern, wenn Sie die Rad fahrenden Käsemauken im Nordwesten einmal zur Zelebrierung eines ausgiebigen Kifferwochenendes mit den Kumpels besuchen möchten. Denn von niederländischen Touristen erhält man hierzulande fast nie auch nur den kleinsten Obolus. Gut möglich also, dass es sich in vielen Fällen schlicht um Nachbarschaftsliebe handelt.

Spanien

Die Gewohnheiten der Iberischen Halbinsel in Bezug auf Trinkgeld (span.: „Propina“) entsprechen überraschenderweise weitgehend denjenigen in Deutschland - mit dem kleinen

Unterschied, dass man sich das Wechselgeld zunächst herausgeben und sodann einige Dukaten auf Tisch oder Tresen liegen lässt; ein „stimmt so“ kennen die Spanier nicht. Wer hätte das gedacht? Gelten die Iberer bei uns doch als die mitunter knausrigsten Gäste überhaupt, denen man beim Verlassen des Lokals nicht einmal mehr ein „Adios“ gönnen möchte, sich stattdessen aber ein wutentbranntes „Vete al infierno!“ (span.: „Fahr zur Hölle!“) verkneifen muss.

Kaum einem anderen europäischen Volk begegnet man in Berlin seit einigen Jahren so häufig wie den Gin-Tonic liebenden Iberern. Vielleicht ist es dieselbe Abenteuerlust, die sie schon vor Jahrhunderten ausziehen ließ, um fremde Kontinente zu entdecken und die Städte der Azteken und Inkas zu plündern. Ein ähnliches Schicksal wie dem alten Tenochtitlán droht Berlin dabei immerhin nicht, schlimmstenfalls die hiesigen Gin-Reserven müssen hinterher dringend wieder aufgestockt werden. Doch wer an das Ausbeuten von präkolumbianischen Zivilisationen gewöhnt ist, der kann sich offenbar auch nach Jahrhunderten nur schwer mit dem Gedanken des Gebens anfreunden.

Italien

Die Italiener kennen - wen überrascht es - kein Trinkgeld (ital.: „Mancia“). Das Bediengeld ist in den Preisen inbegriffen, zudem oft noch ein „Coperto“ genannter Aufschlag. Dieser wird jedoch nicht wie oft fälschlicherweise angenommen als Tip, sondern als Gebühr für Gedeck und Brot veranschlagt. Gerade in Touristengegenden sind die Kellner aber schon sehr daran gewöhnt von den Besuchern aus fremden Ländern ein zusätzliches Trinkgeld zu bekommen. Wer sich also strikt an die Landesregel hält und am Ende des Restaurantbesuchs nicht tipt, der braucht sich nicht allzu sehr zu wundern, wenn er aufgrund des bereits eingetretenen Gewöhnungseffekts vom Kellner schief angeguckt wird. Im umgekehrten Fall fühlen sich die Italiener allerdings nicht im Geringsten daran gehindert, sich auch im Ausland strengstens an die eigenen Landessitten zu halten und nur wenig Bereitschaft zur monetären Anpassung zu zeigen.

Italiener gelten zwar als überaus geschwätzige, aber doch immerhin weitgehend gesittete Zecher. Lediglich auf dem Tisch sieht es hinterher immer aus wie nach der Schlacht um Tobruk. Ein wenig verächtlich begegnen sie fremden Sprachen, Kulturen und Sitten, und zeigen wenig Neigung, ihren Gastgebern entgegenzukommen. Wessen Vorfahren einst das Kolosseum erbaut und die halbe bekannte Welt erobert haben, der braucht sich um nordische Barbaren und deren heidnische Gebräuche wohl nicht zu scheren.

Frankreich

Mehrere Kriege konnten nicht verhindern, dass man sich diesseits des Rheins heutzutage gut versteht mit den Froschschenkelessern von drüben. Französische Gäste begegnen einem freundlich, lassen in Sachen Anpassung aber noch immer zu wünschen übrig. Denn Englisch sprechen sie auch heute noch ausgesprochen mangelhaft bzw. ungern, auch werden die hiesigen Trinkgeldsitten gerne ignoriert. Getrunken wird am liebsten Wein aus dem eigenen Land. Auch die Franzosen schlagen das Trinkgeld (frz.: „Pourboire“) gerne in Form einer Servicepauschale automatisch auf den Rechnungsbetrag auf – nicht selten satte 15%. Sollte dies einmal nicht der Fall sein, so ist es unüblich, aufzurunden. Stattdessen wird auch hier passend bezahlt und anschließend etwas Trinkgeld auf dem Rechnungsteller zurückgelassen.

Dänemark, Norwegen, Schweden, Finnland

Unsere skandinavischen Nachbarn gelten ohnehin nicht gerade als billige Urlaubsziele, selbst für die Einheimischen sind die Preise in Restaurants und Bars nicht gerade Kinkerlitzchen. Gastronomisches Personal wird im Normalfall gut bezahlt, deshalb ist ein Trinkgeld weder notwendig, noch üblich. Da praktisch alle anderen Länder im Vergleich zur eigenen kühlen Wikingerheimat geradezu als Dumpingzonen gelten und die Nordmänner, die Pisa-Studie belegt es, nicht unbedingt als weltfremde Dummköpfe bezeichnet werden können, kann man sich bei uns nicht selten über einen üppigen Rechnungsaufschlag freuen. Es kommt einer historischen Gerechtigkeit gleich: Was die barbarischen Seefahrer in ihren Drachenschiffen einst unseren mittelalterlichen Vorfahren mit Feuer und Schwert geraubt haben, das geben uns nun ihre modernen Pendants cent- und euroweise wieder freiwillig zurück.

Schweiz

Unsere südlichen Nachbarn kennen aller Neutralität zum Trotz ebenfalls eine Trinkgeldregel, die nur leicht abweichend besagt, dass 7 bis 10 % gegeben werden sollten. Auch hier wird das Trinkgeld regressiv gehandhabt, sobald die Rechnungssumme 100 Sfr überschreitet. In diesem Fall kochen die Schweizer also ausnahmsweise einmal nicht ihr eigenes „Süppli“. Allerdings weist auch die Schweiz starke regionale Unterschiede auf, nicht umsonst gibt es dort vier Amtssprachen. Anhand dieser Amtssprachen lässt sich auch das Trinkgeldverhalten recht zuverlässig ablesen, gesprochen wird nämlich Deutsch, Italienisch, Französisch und Bündnerromanisch, wobei ich letztere Sprache nicht wirklich trinkgeldtechnisch einzuordnen weiß.

USA

Hier ist Trinkgeld immer ein absolutes Muss, da Kellner und Bartender in aller Regel äußerst schlecht bezahlt werden und nicht selten sogar fast ausschließlich von diesem „Bonus“ leben müssen. Aus diesem Grund liegt der übliche Satz mit 15 bis 20 % auch deutlich höher als in Deutschland – was mitunter dazu führt, dass amerikanische Touristen bei uns recht beliebt sind. Denn sehr oft halten sie sich auch im Ausland vorbildlicherweise an die gewohnte 15/20-Regel. Wer jedoch umgekehrt seine schwäbischen Gewohnheiten als Gast in den USA auszuleben versucht, kann sich böser Blicke sicher sein und wird zudem manchmal mit einem durchaus ernst gemeinten „Don’t come back“ verabschiedet. Bleibt zu hoffen, dass sich die Vereinigten Staaten durch solcherart garstige Touristen nicht eines Tages dazu veranlasst sehen, einen Präventivschlag zu starten, das Land zu besetzen und „Zivilisierungsmaßnahmen“ einzuleiten.

Politisch mag man über Uncle Sam jedenfalls denken was man will, die Bewohner begegnen einem fast immer freundlich und gelassen. Im Gegenteil ist den US-Amerikanern ein gewisses Übermaß an gespielter und oberflächlicher Freundlichkeit zu eigen, die einem hierzulande in ihrem Überschwang nicht selten befremdlich erscheint. Eine positive Antwort auf die Frage „Do you speak English?“ fassen sie stets so auf, als wäre man automatisch dazu in der Lage, auch den derbsten Texas-Slang problemlos zu verstehen. Das allerdings dürfte nur ein kleiner Preis für die ansonsten großzügige Entlohnung sein.

Russland

Während es zu Sowjetzeiten vollkommen unüblich war, Trinkgeld zu geben, so ist diese Sitte zwischenzeitlich im Wandel begriffen. Heute sind die in vielen Ländern längst obligaten 5 bis 10 % in Russland zwar noch nicht flächendeckend allgemein üblich, werden aber dennoch - man mag es kaum glauben - gerne gesehen. Da zdrávstvujet Perestroika! (russ.: „Es lebe die Umgestaltung!“)

China

In China haben sich, jedenfalls was das Trinkgeld betrifft, in den vergangenen Jahren US-amerikanische Verhältnisse eingeschlichen. Dass sich der einstige Klassenfeind allmählich zum wirtschaftlichen Vorbild wandelt, ist also auch hier zu bemerken. Der gesamte Dienstleistungssektor wird überaus schlecht bezahlt, deshalb gehören 15 bis 20 % Tip zum guten Ton, ja sie sind bisweilen sogar überlebensnotwendig für die Angestellten.

Sollten Sie das fernöstliche Land also einmal besuchen, so halten Sie sich an die Landessitten und hinterlassen einen guten Eindruck, indem Sie Ihr Tsingtao Bier nur halb austrinken, eine ordentliche Portion tausendjährige Eier bestellen, Ihre Vogelnestsuppe und Ihre Hühnerfüße nur zur Hälfte aufessen und anschließend ein vernünftiges Trinkgeld springen lassen (es gilt in China tatsächlich als ungeschriebene Regel des Anstands, seinen Teller niemals ganz leer zu essen, denn ein leerer Teller würde dem Gastgeber gewissermaßen signalisieren, nicht genügend aufgetischt zu haben und ihn somit beschämen).

Japan

Für die Japaner ist es vollkommen abwegig mehr als den auf der Rechnung ausgewiesenen Betrag zu bezahlen. Trinkgelder werden als Almosen wahrgenommen, treffen das recht empfindliche Ehrgefühl der Japaner und werden daher oft beleidigt abgelehnt - es muss wohl das gelobte Land für

Besucher aus Spanien, Italien und den Niederlanden sein! Wer als Tourist Trinkgeld auf dem Tisch liegen lässt und das Lokal verlässt, der wird unter Umständen erstaunt feststellen, dass einem sogar das Personal umgehend hinterhergelaufen kommt um das vermeintlich „vergessene“ Geld zu überreichen. Andere Länder, andere Sitten – schön und gut, aber Kohle nachtragen? Ja bin ich denn bedeppert?!

Wie wir nach diesem kurzen Blick in andere Länder gesehen haben, ist das Trinkgeld international schon seit vielen Jahrzehnten eine feste Institution. Es gehört nicht nur zum guten Ton und kann auch als kulturelle Anstandsregel betrachtet werden, es ist in fast allen Fällen eine schlichte Notwendigkeit. Die Gehälter sind schlichtweg dermaßen mies, dass es ohne Tip weitaus einfacher wäre, sich mit seinem Hartz-IV-Bescheid unter dem Hintern den ganzen Tag auf die Couch zu setzen. Zudem darf nicht vergessen werden: Hat ein Gastronom Urlaub oder liegt krank im Bett, muss er allein mit dem niedrigen Grundgehalt auskommen. Schon deshalb sind Urlaubstage in der Gastronomie kostspieliger als anderswo und die Fehlzeiten aufgrund von Krankheiten auf magische Weise geringer als in anderen Branchen. Auch wenn es der gesundheitlichen Bestimmungen wegen offiziell verboten ist, so gehen doch viele auch mit einer anständigen Erkältung lieber arbeiten als sich das kostbare Trinkgeld entgehen zu lassen. Ich habe sogar schon einmal einen Kollegen erlebt, der mit eingegipstem Fuß zur Arbeit erschienen ist und mehrere Wochen lang hinter der Theke auf und ab humpelte.

Nicht-Gastronomen vergessen oft, dass sie einen wesentlich höheren Lohn und zudem vielleicht noch Urlaubs– und Weihnachtsgeld sowie ein dreizehntes Monatsgehalt erhalten – Dinge, von denen Gastronomen im Regelfall nicht einmal zu träumen wagen. Sie können nicht verstehen, wieso wie derart versessen auf das Trinkgeld sind und verwechseln unser Grundverlangen nach dieser für uns so wichtigen Entlohnung fälschlicherweise mit Gier.

Zwecks besserer Übersicht habe ich die Trinkgeldgewohnheiten einiger Länder in der nachfolgenden Tabelle noch einmal zusammengefasst:

Trinkgeldtabelle		
Land	**Restaurant**	**Bar**
Deutschland u. Österreich	5 – 10 %	5 – 10 %
England, Irland, Schottland	10 %	Entfällt bei Selbstbedienung
Niederlande	5 – 10 %	5 – 10 %
Spanien u. Portugal	5 – 10 %	5 – 10 %
Italien	-	-
Frankreich	10 – 15 %	10 – 15 %
Skandinavische Länder	Aufrunden bis max. 5 %	Aufrunden bis max. 5 %
Schweiz	7 – 10 %	7 – 10 %
USA	15 – 20 %	15 – 20 %
Russland	5 – 10 %	5 – 10 %
China	15 – 20 %	15 – 20 %
Japan	-	-
Griechenland	10 %	10 %
Türkei	10 %	10 %
Mittelamerika	10 – 15 %	10 – 15 %

Südamerika	10 %	10 %
Indien	10 %	10 %
Afrika	10 %	10 %
Australien u. Neuseeland	10 – 15 %	10 – 15 %

30 Tipps für mehr Trinkgeld

An dieser Stelle nun 30 Kniffe, mit deren Hilfe Sie zuverlässig und umgehend Ihr Trinkgeld steigern können. Den absoluten Großteil davon habe ich selbst schon mehrfach ausprobiert, andere Tipps hingegen den Erfahrungen und Hinweisen von Kollegen entnommen. Die Reihenfolge der Ratschläge stellt keine Wertigkeit dar, sondern ist rein zufälliger Natur.

1. Sei freundlich

Es mag banal klingen, doch Freundlichkeit ist immer noch der sicherste Weg um ein vernünftiges Trinkgeld zu erhalten. Niemand lässt sich gerne von einem übellaunigen Miesepeter bedienen, der private Probleme, sexuellen Frust oder nervenaufreibenden Dauerstress mit seiner garstigen Alten in die Arbeit trägt und womöglich auch noch an seinen Gästen auslässt. Ein ernstgemeintes (oder gut gespieltes) Lächeln wirkt hingegen Wunder und geradezu wie ein Trinkgeldkatalysator. Ebenso sollten eine freundliche Begrüßung und Verabschiedung selbstverständlich und der Großzügigkeit der Gäste nicht abträglich sein. Aber: degenerieren Sie bloß nicht zu einem widerlichen Schleimer. Viele Gäste durchschauen das falsche Spiel sofort und so viel ist sicher: Arschkriecher sind nicht beliebter als Knautschfressen.

2. Sei attraktiv

Sex sells – das gilt auch fürs Trinkgeld. Nicht nur Männer sind generell eher bereit, der attraktiven 20jährigen mit dem tiefen Ausschnitt und dem Knackarsch ein üppigeres Trinkgeld springen zu lassen, als der schon deutlich eingetrockneten Mitfünfzigerin Uschi. Auch Frauen wissen es durchaus zu schätzen von einem gutaussehenden Kellner oder Barmann bedient zu werden und zeigen sich schon allein für den dargebotenen optischen Schmaus finanziell erkenntlich. Tritt allerdings zur Attraktivität die in dieser Kombination häufig auftretende Arroganz hinzu, mutiert der smarte Sonnyboy sehr schnell zum polierten Lackaffen und der positive Augenklimpereffekt ist dahin. Die kleine Schwester des guten Aussehens ist das gepflegte Auftreten. Fettige Haare, dreckige Fingernägel und schlechter Atem sind die natürlichen Feinde der Trinkgeldkasse. Wenn Sie also schon nicht mit einer naturgegebenen hübschen Hülle gesegnet worden sind, seien Sie wenigstens eines: sauber.

3. Sei kompetent

Ein ahnungsloser Kellner mag sich eine Zeitlang erfolgreich durch seinen Beruf schummeln, früher oder später aber wird seine Inkompetenz auffliegen. Oft genügen schon einfachste Fragen zu Speisen oder Getränken und die professionslabile Bedienung gerät völlig aus der Fassung. Wem es an Kompetenz fehlt, der kann diesen Missstand vielleicht durch gute

Improvisation oder ein Talent als Lügner und Hochstapler teilweise ausgleichen, einen wahren Ersatz hierfür gibt es indes nicht. Fast immer wird das Wissensdefizit des Kellners von Gästen sehr schnell durchschaut – vorausgesetzt, diese sind nicht mindestens ebenso ahnungslos.

4. Allet schnieke

Ebenfalls kaum die Erwähnung wert, dennoch ein garantierter Tip-Killer: Ein schmutziger Tisch, dreckiges Besteck oder Gläser mit Fettlippen. Egal ob als Gast oder Angestellter, wenn ich so etwas erlebe, bekomme ich direkt schlechte Laune. Wer nicht gerade gestern erst mit dem Kellnern angefangen und vielleicht noch mit der Überforderung des Neulings zu kämpfen hat, der braucht sich gar nicht erst um die Ausrede bemühen, er hätte das halbe Pfund Brotkrümel auf der Tischdecke oder dieses mit Lippenstift geschmückte Glas nicht bemerkt. Mich ekelt so etwas an und Sie können Gift darauf nehmen, dass es auch die meisten Gäste so empfinden. Wenn Ihnen der Barmann Getränke in dreckigen Gläsern herausgibt, dann weigern Sie sich diese zu servieren und fragen Sie ihn, ob er etwa selbst gerne daraus trinken würde. Natürlich erlebt man auch immer wieder die Situation, da Gäste es gar nicht erwarten können und sofort an den nächsten freien Tisch stürmen, auch wenn dieser noch immer aussieht als wären gerade die Russen in Berlin eingerückt. Das mag Sie ärgern, doch sollten Sie sich trotzdem darum bemühen, dass alles tip top sauber ist.

5. Beraten und abraten

Eng verwandt mit dem vorangegangenen Punkt ist hiermit weniger das allgemeine Fachwissen des Personals gemeint, als vielmehr die tagesaktuelle „Situation“ des Lokals. Als Kellner hat man üblicherweise einen sehr genauen Einblick hinter die Kulissen und weiß z. B. ob die Tagessuppe frisch oder aber vom Brunch von vor vier Tagen übrig geblieben ist. Dass die Sparpolitik eines Inhabers in fragwürdige Resteverwertung ausarten kann, dürften alte Hasen schon des Öfteren erlebt haben. Ein dezenter Hinweis darauf, dass Gericht XY aus welchen Gründen auch immer heute nicht unbedingt empfehlenswert ist, werden Ihre Gäste sicherlich zu schätzen wissen. Andersherum besteht natürlich ebenso die Möglichkeit, dass etwa dem Patissier ein Dessert ganz besonders gut gelungen ist. Außergewöhnliche Köstlichkeiten, die nicht jeden Tag zu haben sind, sollten Ihnen eine Empfehlung wert sein.

6. Verkaufen, verkaufen, verkaufen!

Verfügen Sie über ein besonderes Verkaufstalent und können Ihren Gästen noch einen großen Eisbecher mit Schlagsahne aufschwatzen, obwohl diese bereits aus allen Nähten platzen? Dann wird sich darüber nicht nur Ihr Chef freuen. Es ist eine simple Rechnung: Je höher die zu bezahlende Summe, desto mehr Trinkgeld bleibt am Ende für Sie übrig. Jedenfalls theoretisch. Versuchen Sie also mehr als nur Ihren Dienst nach Vorschrift abzuleisten und seien Sie ein Verkäufer. Kurbeln Sie den Umsatz an, steigern Sie damit automatisch auch Ihr Trinkgeld.

7. Nichts ist unmöglich

Ja, ich weiß, Sonderwünsche können tierisch nerven. „Kann ich anstatt Pommes auch Wedges haben?“, „Würden Sie mir das Bier anwärmen? Ich habe einen empfindlichen Magen.“,

„Cocktail XY steht nicht auf Ihrer Karte, aber können Sie ihn trotzdem mixen?", „Dürfen wir uns von nebenan eine Pizza holen?" und dergleichen mehr gehört zu unserem Alltagsgeschäft. Vieles davon ist blödsinnig, unpraktisch oder lässt sich aus anderen Gründen nicht in die Tat umsetzen, doch manchmal erfüllen wir ausgefallene Wünsche unserer Gäste auch ganz einfach aus Bequemlichkeit nicht. Dabei kann es sich durchaus lohnen, wenn man seinen Gästen entgegenkommt und sich um die Erfüllung von ungewöhnlichen Wünschen außerhalb der Norm bemüht – natürlich nur soweit es sich einrichten lässt. Stehen Sonderwünsche in Ihrer Macht und bereiten nicht allzu viele Umstände, dann erfüllen Sie sie. Ihre Gäste werden das zu schätzen wissen und sich mit hoher Wahrscheinlichkeit erkenntlich zeigen. Natürlich werden Sie dabei aber auch immer wieder auf Individuen stoßen, die Ihr Entgegenkommen lediglich auszunutzen versuchen. So etwas lässt sich kaum vermeiden.

8. Sei aufmerksam

Besteht die Möglichkeit, eintretenden Gästen aus dem Mantel zu helfen? Ist jemand ganz offensichtlich mit der 150 Seiten starken Cocktailkarte überfordert und hat Schwierigkeiten sich für einen der 1200 aufgelisteten Drinks zu entscheiden? Sitzt ein Gast bei 32 Grad Raumtemperatur schwitzend, mit hochrotem Kopf und unmittelbar vor der eintretenden Dehydrierung vor einem leeren Glas? Dann nichts wie hin! Kaum etwas schmeichelt den Menschen so sehr wie die Aufmerksamkeit, die wir ihnen entgegenbringen. Dadurch gewinnen sie den Eindruck, sie seien nicht nur irgendein x-beliebiger Gast, sondern es wert, dass man sich um sie bemüht und sie zuvorkommend behandelt. Sie werden stets einen guten Eindruck hinterlassen, wenn Sie Gästen die Tür aufhalten, ihren angespannten und suchenden Blick sofort richtig deuten und ihnen den Weg zur Toilette weisen oder ihnen den Wein oder Sekt ungefragt nachschenken. Eine kleine

Belohnung für den aufmerksamen Lakaien ist so fast immer sicher.

9. Erinnere Dich

Die Fähigkeit, sich an Gesichter und im Idealfall sogar Namen zu erinnern, ist in der Gastronomie buchstäblich Gold wert. Erkennen Sie einen Gast bei dessen Eintreten wieder, sprechen ihn gar mit Namen an und fragen ihn als i-Tüpfelchen auch noch, ob es wie bei seinem letzten Besuch erst einmal ein „Japanese Old Fashioned" sein darf, dann haben Sie den Pfeil genau ins Schwarze getroffen - und mit einem zweiten Schuss diesen Pfeil sogar noch in zwei Hälften gespalten. Auch hier wird der Mensch wieder einmal an einer seiner empfindlichsten Stellen getroffen: dem Ego. Es in wohldosierter Weise zu umschmeicheln ist der Weg zum Portemonnaie seines Besitzers.

10. Lauf nicht weg

Man kennt es vom eigenen Restaurantbesuch: Es ist gerade immer dann kein Kellner weit und breit zu sehen, wenn man sich ganz dringend noch ein Bier zum Schnitzel bestellen möchte. Essen zu gehen mag den Grund haben, nicht selbst zu Hause kochen zu müssen, doch viele Menschen genießen es auch sich bedienen zu lassen. Es kann daher nur zu Ihrem eigenen Vorteil sein, wenn Ihre Gäste Sie bei Bedarf auch ansprechen können und Sie sich immer wieder einmal am Tisch oder wenigstens in dessen Nähe blicken lassen. Ein Kellner hingegen, der nur zum Auftischen, Abräumen und Präsentieren der Rechnung erscheint, wird sich bei seinen Gästen vermutlich nicht sonderlich beliebt machen. Ich weiß, was Sie jetzt sagen wollen, in diesem schlecht entlohnten Knochenjob mit chronischem Personalmangel ist es oft ganz einfach nicht möglich sich angemessen um die Gäste zu kümmern. Ich kann zwar nichts gegen Ihre schmerzenden Füße und angeschlagenen Nerven tun, doch glauben Sie mir wenn ich sage, dass es viele Gäste durchaus registrieren, wenn Sie wie Speedy Gonzales durchs Restaurant flitzen und keine Sekunde still stehen. Die meisten zeigen sich verständnisvoll und lassen nicht den Kellner dafür büßen, wenn dieser kaum mehr mit den Bestellungen hinterher kommt. Alle anderen sind, nun ja, Arschlöcher.

11. Die Kellnerfliege

Selbstverständlich können Sie es mit Ihrer „Aufmerksamkeit" auch übertreiben. Wenn Sie permanent die Unterhaltung Ihrer Gäste stören, ihnen beim Essen zusehen und sich derart aufdringlich verhalten, dass Sie sich gleich dazusetzen könnten, hinterlässt das bestimmt keinen guten Eindruck. Finden Sie ein gesundes Mittelmaß und entwickeln Sie ein Gespür dafür, wann Gäste lieber ungestört unter sich bleiben wollen. Dies ist besonders häufig bei offensichtlich frisch verliebten Paaren oder Geschäftsessen der Fall. Das richtige Timing entscheidet auch hier über Sieg oder Niederlage.

12. Geschenke erweichen das Herz

Manchmal bekommt man zusammen mit der Rechnung eine kleine Aufmerksamkeit überreicht wie etwa ein paar Bonbons oder einen Schnaps. Als Aufmerksamkeit kann aber auch aufgefasst werden, wenn Sie Gäste, die schon zum wiederholten Mal bei Ihnen essen oder trinken, mit einem Händedruck begrüßen oder verabschieden. Die Verabschiedung findet für gewöhnlich zwar nach dem Bezahlvorgang statt, doch werden sich die Gäste womöglich daran erinnern und sich bei ihrem nächsten Besuch erkenntlich zeigen.

13. Sei vorbereitet

Es gehört zu denjenigen Details, die man schon in der Berufsschule lernt, dass man stets Nadel und Faden sowie einige Schmerztabletten und Heftpflaster bei sich haben sollte. Einerseits könnten Sie natürlich selbst während Ihres Dienstes von quälenden Kopfschmerzen betroffen sein oder Ihren Hosenknopf versehentlich abreißen, aber auch Gäste bleiben von dem einen oder anderen Missgeschick nicht verschont. Daneben sollten Sie Ihren Gästen außerdem bei Bedarf Stift und Papier, in touristisch stark frequentierten Lokalen vielleicht sogar einen Stadtplan zur Verfügung stellen können. Auf je mehr Eventualitäten Sie vorbereitet sind, desto besser – natürlich nur solange Sie sich hierfür keinen Bauchladen umhängen müssen.

14. Ich schau dir in die Augen, Kleines

Beim Aufnehmen der Bestellung oder beim Kassieren der Rechnung sitzen die Gäste üblicherweise während der Kellner steht. Die jeweiligen Positionen sorgen zwangsläufig dafür, dass der Kellner auf seine Gäste „herab blickt". Natürlich wird dies niemand bewusst als Überheblichkeit auffassen, aber es kann ein wirksamer körpersprachlicher Trick sein, wenn der Kellner dabei stattdessen in die Hocke geht oder sich sogar hinsetzt, um sich auf Augenhöhe zu seinen Gästen zu befinden. Es ist klar, dass nicht jeder Chef davon begeistert sein wird, wenn er einen seiner Angestellten während des Dienstes an einem der Tische sitzen sieht, auch könnten die Gäste dies falsch auffassen. Das hängt in erster Linie von der Art des jeweiligen Lokals ab.

15. Imitiere den Gast

Gemeinsamkeiten verbinden - das gilt nicht weniger für künstlich herbeigeführte. Es ist ein altbekannter psychologischer Effekt, dass man sein Gegenüber als umso sympathischer empfindet, je mehr einem dieser in Körpersprache und Ausdruck ähnelt. Mit etwas Geschick und ein wenig Übung kann man sich als Servicesklave diesen Psychotrick zunutze machen, indem man Haltung und Sprache des Gastes imitiert. Aber: Bloß nicht übertreiben, sonst wirkt die Spiegelung des anderen schnell wie ein lächerliches Nachäffen und derjenige, dem man das Geld aus der Tasche kitzeln will, fühlt sich veralbert. Und: Ein dilettantischer Pantomime geht zumeist leer aus.

16. Sprich mir nach

Die Bestellung noch einmal laut zu wiederholen hat nicht nur den Vorteil, Missverständnissen vorzubeugen, in der Regel kann man sich als Kellner oder Barmann das Bestellte außerdem besser merken, sofern man gerade nicht Zettel und Stift zur Hand hat. Ein weiterer Effekt besteht darin, dass sich die Gäste verstanden und ernstgenommen fühlen. Sie sammeln damit Pluspunkte und stärken das Vertrauen in Sie. Im Anschluss dürfen Sie nur nicht den Fehler begehen und dem Gast anstelle der vegetarischen Gemüsevariation die deftige bayrische Schweinshaxe vorsetzen, ansonsten wäre die Wirkung vermutlich dahin.

17. Das Ja-Nicken

Hier kommt wieder einmal die Körpersprache ins Spiel, die oft nur unterbewusst wahrgenommen wird aber deshalb nicht weniger ihren Zweck erfüllt. Wenn Sie Ihre Gäste bspw. nach dem Hauptgang fragen ob es noch ein Dessert sein darf und dabei nicken, fällt es diesen laut einer Studie deutlich schwerer „nein“ zu sagen. Mit dieser Vorgehensweise schlagen Sie gleich zwei Fliegen mit einer Klappe, denn zum einen erhöhen Sie damit Ihren Umsatz und damit mit hoher Wahrscheinlichkeit auch Ihr Trinkgeld.

18. Geh auf Tuchfühlung

Diese Vorgehensweise erfordert einiges Fingerspitzengefühl, denn nicht jeder lässt sich gerne von fremden Menschen anfassen – außer vielleicht wenn es sich bei der Kellnerin um einen verflucht heißen Feger handelt. Aber im Ernst: Gelingt es Ihnen, einen Gast während des Bestellvorgangs oder eines gelegentlichen Small Talks zu berühren und dies wie einen Zufall erscheinen zu lassen, kann sich dies vorteilhaft auf das spätere Trinkgeld auswirken. Sie könnten zum Beispiel den Arm oder Rücken des Gastes streifen oder Ihre Hand leicht auf seine Schulter legen. Eine Berührung stellt buchstäblich eine Verbindung zwischen zwei Menschen her und kann, sofern diese nicht als unangenehm empfunden wird, die gegenseitige Sympathie stärken. Auch hier dürfen Sie es keinesfalls übertreiben und das Ganze in ein wildes Gefummel ausarten lassen. Bedenken Sie auch, dass so ziemlich jeder Mensch über Distanzzonen verfügt, die darüber entscheiden, wie nahe man einen anderen Menschen kommen lassen möchten ohne sich dabei unwohl zu fühlen. In die intime Distanzzone (weniger als 50 cm) dürfen dabei in aller Regel nur enge Freunde und Familienmitglieder eindringen. Die angemessene persönliche Distanzzone zwischen sich unbekannten oder nicht sonderlich nahe stehenden Personen beträgt dementsprechend zwischen 50 cm und 1 m. Packen Sie zu Ihrer nächsten Schicht also besser ein Maßband mit ein.

19. Sorge für Überraschung

Tun Sie etwas, womit Ihre Gäste nicht unbedingt rechnen. Es versteht sich von selbst, dass hiermit positive Überraschungen gemeint sind und nicht sauer gewordene Sahne in der Piña Colada oder ein Glas „stiller" Champagner. Sind Sie in einer durchschnittlichen Bar angestellt, dann genügt es oft schon mit überdurchschnittlich gutem Service großen Eindruck auf die Gäste zu machen. Wurde an einem Tisch eine recht hohe Summe vertrunken, lassen Sie doch mal unaufgefordert ein paar Kurze springen. Auch ein auffälliges Outfit - wie bspw. seit wenigen Jahren in manchen Bars üblich gewordene Hosenträger, Schiebermützen und Oberlippenbärtchen, die an die Zeit der Prohibition erinnern sollen – kann manchmal Wunder wirken. Den Möglichkeiten sind hier keine Grenzen gesetzt.

20. Timing ist alles

Meiner eigenen Erfahrung nach viel zu wenig von den Fachkollegen beachtet aber dennoch nicht zu unterschätzen, ist das richtige Timing beim Präsentieren der Rechnung. Man erlebt es regelmäßig, dass der Mann die Rechnung verlangt, kaum dass die weibliche Begleitung auf die Toilette gehuscht ist. In einem solchen Fall empfehle ich stets: abwarten. Bezahlt nämlich „er" in Frauchens Abwesenheit, wird er sich beim Trinkgeld vermutlich weit weniger spendabel zeigen, als wenn der weibliche Gegenpart den ganzen Vorgang kritisch beäugt – Man(n) will schließlich vor seiner Flamme nicht als Geizkragen dastehen. In der umgekehrten Situation kann es als männliche Servicekraft oder Bartender übrigens manchmal von Vorteil sein, „sie" bezahlen zu lassen, solange „er" noch auf dem stillen Örtchen verschwunden ist. Hat sich im Laufe der Bewirtung nämlich gezeigt, dass „sie" von Ihnen durchaus angetan ist, so wird sie Ihnen dies mit einem fetten Trinkgeld, das manch einer schon als Vorstufe zum Sex versteht, bestätigen - solange ihr Macker davon bloß nichts mitbekommt.

21. Sei kosmopolitisch

Es ist zwar jederzeit ein unschätzbarer Vorteil mehrere Sprachen zu beherrschen, doch genügen in unserer Branche im Regelfall schon ein paar einfache Floskeln und Höflichkeiten. Als Gastronom sollte man wenigstens simple Dinge wie „Danke", „Bitte", „Guten Abend", „Auf Wiedersehen", „Prost" usw. in einigen wichtigen internationalen Sprachen wie z. B. Englisch, Spanisch, Französisch und Italienisch fehlerfrei und verständlich ausdrücken können. Fahren bei Ihnen täglich mehrere Reisebusse mit fotografierwütigen Japanern vor, so sollten Sie sich selbstverständlich auf die ohne Frage nicht ganz einfache Landessprache des fernen Nippons konzentrieren. In jedem Fall werden die Gäste Ihr Bemühen zu schätzen wissen, was Ihnen unschätzbare Pluspunkte und damit sehr wahrscheinlich einen finanziellen Bonus bescheren wird - selbst dann, wenn Sie ein multilingualer Krüppel sind und die fremdsprachigen Floskeln in einem furchtbaren Kauderwelsch heruntergestottert haben. In so einem Fall können Sie vielleicht wenigstens auf das Mitgefühl Ihrer Gäste hoffen.

22. Es ist klein und wuselig

Womöglich werden Sie mich verfluchen, wenn ich Hunde und Kinder in einen Topf werfe, doch haben beide namentlich eine Sache gemeinsam: Wenn man sich um sie kümmert, punktet man damit auch bei den Großen. Hunden sollten Sie außerdem nicht nur aus trinkgeldtechnischen Gründen eine Schale mit Wasser hinstellen, oft müssen die armen Vierbeiner über Stunden hinweg geduldig ausharren, während sich Herrchen und Frauchen amüsieren. Kinder hingegen wollen beschäftigt werden und die Eltern sind oft froh, wenn ausnahmsweise nicht sie diesen Part übernehmen müssen. Sorgen Sie also für Buntstifte und Spielzeug, das möglichst keinen Krach macht. Außerdem sollten Sie die Kleinen ihre Bestellungen nach Möglichkeit selbst aufgeben lassen, dadurch zeigen Sie den Eltern nämlich, dass ihre Kinder ernst genommen werden.

23. „Hi, ich bin der Kevin."

In manchen Lokalen gehört es zur grundsätzlichen Unternehmensphilosophie, dass sich ein Kellner bei seinen Gästen erst einmal vorstellt bevor es an die Futterbestellung geht. Vor allem in den USA ist dies häufig der Fall, hierzulande hingegen eher unüblich. Trotzdem lassen sich auch bei deutschen Gästen Punkte sammeln, wenn man an den Tisch herantritt und diese wissen lässt, mit wem sie es an diesem Abend zu tun haben. Kennen die Gäste schon einmal den Namen Ihres Kellners, sorgt das für ein gewisses Maß an Vertrautheit und Vertrautheit ist gut fürs Portemonnaie. Als Alternative zur persönlichen Vorstellung können auch Namensschilder dienlich sein. Ich selbst würde mir jedenfalls ziemlich bescheuert vorkommen, wenn ich mich bei jedem Gast, der sich in meinem Bereich niederlässt, erst einmal vorstellen müsste. Zudem kann es ab einem gewissen Alter unangebracht wirken, sich von Fremden mit Vornamen ansprechen zu lassen. Andererseits können gerade Nachnamen manchmal derart unaussprechlich sein, dass der angestrebte Effekt wirkungslos verpufft. Letzteres kenne ich übrigens sehr gut aus eigener Erfahrung.

24. Frei von der Leber weg

Lockere und lustige Sprüche hellen die Stimmung beider Seiten auf und lösen die fest verschnürte Geldbörse der Gäste. Gerade Standardsituationen, die immer wieder vorkommen, bieten dem Angestellten die Möglichkeit, sich darauf entsprechend vorzubereiten. So bin ich bspw. vermutlich schon einige tausend Male gefragt worden, ob es denn eine Toilette gebe. „Nein, natürlich nicht“, war sodann irgendwann meine routinemäßige Antwort. „Gehen Sie einfach auf die andere Straßenseite.“ Diese Vorgehensweise stellt aber eine Gratwanderung dar, denn nicht jeder kann derartige Sprüche so rüber bringen, dass sie auch wirklich als lustig empfunden werden und nicht als Anmaßung. Zudem versteht nicht jeder Gast den gleichen Spaß und könnte sich beleidigt oder angegriffen fühlen. Dieser Tipp ist also nur etwas für Fortgeschrittene, die ihre Gäste gut einzuschätzen verstehen und über das entsprechende Temperament verfügen. Auch ich halte mich grundsätzlich lieber etwas zurück, da meine humorvollen Vorstöße in der Mehrzahl der Fälle ignoriert oder mit Schweigen abgestraft werden.

25. Der Groschentrick

Angenommen Sie hatten während der letzten Stunde ein nettes Paar aus Italien bei sich am Tresen sitzen. Jetzt, ein paar Drinks später, wird die Rechnung verlangt. Sie legen das kleine Zettelchen auf die Theke, die Summe beträgt, sagen wir . . . 18,60 €. Das Paar bezahlt mit einem 20 € Schein und gibt keinerlei Hinweise darauf, dass der Rest unter Umständen für Sie sein könnte. Was tun Sie also? Natürlich, Sie geben das Wechselgeld heraus. Entscheidend kann allerdings sein, wie genau Sie das tun. Anstatt nun wie es naheliegend und gemeinhin üblich ist in so großen Stücken wie möglich herauszugeben, versuchen Sie einmal das genaue Gegenteil: Legen Sie einen hübschen kleinen Stapel aus 10 und 20 Cent Stücken auf den Tresen, bedanken Sie sich und gehen Sie weiter Ihrer Arbeit nach. Was wird nun passieren? Einige Gäste werden das Münztürmchen wortlos in der Tasche verschwinden lassen, doch mindestens ebenso viele werden, aus Abneigung oder Geringschätzung des vielen Klimpergelds, den Stapel lieber auf Ihrer Theke stehen lassen. Bei dieser Vorgehensweise können Sie nur gewinnen. Denn entweder werden Sie so die lästige Flut aus mickrigen Münzen los, die sich zwangsläufig immer wieder in den Kellnerbörsen ansammelt, oder aber Sie erhalten Trinkgeld von Leuten, die Sie ansonsten hätten leer ausgehen lassen. Natürlich können Sie das Ganze auch auf die Spitze treiben und sogar Kupfermünzen in Ihrem metallischen Hexentürmchen verbauen. Dann allerdings laufen Sie Gefahr eine unschöne Diskussion mit Ihren Gästen zu provozieren.

26. Gib den Gästen Trinkgeld

Wenn die Gäste schon nicht den Anstand besitzen, Ihnen ein Trinkgeld zukommen zu lassen, so haben diese vielleicht selbst eines nötig. Dieser Trick bietet sich immer bei Rechnungsbeträgen an, die es aufgrund einiger weniger Cents notwendig machen, einen „ganzen Schein anzupacken", also bei Summen wie z. B. 10,20 €, 15,10 €, 20,40 € usw. In sehr vielen Fällen bezahlen Gäste ihre Rechnung ausschließlich mit Scheinen, weshalb Sie bei den genannten Beispielen jeweils einen gerade so angebrochenen 5 € Schein in Münzen wechseln und herausgeben müssten (4,80 €, 4,90 €, 4,60 €). Da Sie heute jedoch ohnehin nur sehr wenige Münzen in Ihrem Kellnerportemonnaie vorrätig haben, ersparen Sie sich das mühsame Kleinviehsammeln - stattdessen geben Sie den vollen 5 € Schein heraus. In jedem Fall werden die Gäste im ersten Moment ziemlich verdutzt gucken und verunsichert nachrechnen. Ein Teil von ihnen wird das Geld gleichgültig oder schadenfroh einsacken und gehen – für Sie entsteht ein kaum nennenswerter Schaden von ein paar Cent. Ein größerer Teil aber wird beschämt etwas Kleingeld aus der Tasche kramen oder aber Sie bitten, den Fünfer einzuwechseln und eine Summe X als Tip zu behalten. Wichtig ist auch hier, dass Sie stets höflich bleiben. Denn viele Gäste, und in einigen Ländern ist das Sitte, lassen sich grundsätzlich erst einmal das Wechselgeld vollständig herausgeben um dann einen Teil davon als Trinkgeld liegen zu lassen.

27. Sei frech

Wenn man trotz der Beherzigung aller vorangegangenen Tipps mit ein paar müden Kupfermünzen oder gar überhaupt nichts abgespeist worden ist, so hilft vielleicht nur noch eins, eine freche Schnauze. Weisen Sie Ihre Gäste darauf hin, dass in Deutschland das Trinkgeld nicht im Rechnungsbetrag inbegriffen ist. Oder aber werden Sie deutlicher: Weisen Sie die lächerlichen Kröten mit der Bemerkung von sich, Sie nähmen zwar gerne Trinkgeld an – auf Almosen hingegen könnten Sie derzeit noch verzichten. Doch Vorsicht! Bei einer solchen Vorgehensweise können Sie davon ausgehen, dass die Gäste vermutlich nicht mehr wieder kommen oder sich unter Umständen sogar bei Ihrem Chef über Sie beschweren werden. In Lokalitäten mit überdurchschnittlich hohem Touristenaufkommen mag dies egal sein – Ihr Vorgesetzter wird sich über Ihre vorlaute Klappe allerdings nur in den seltensten Fällen sonderlich freuen. Es gibt aber auch Ausnahmen. Manchmal gehören freche Kellner zur Geschäftspolitik (so z. B. der fur seine ruppige Art berüchtigte Köbes im Rheinland) und auch so mancher Gast weiß seltsamerweise die vielzitierte „Berliner Schnauze“ des Obers durchaus zu würdigen.

28. Tip is not included

Manchmal wissen es Gäste einfach nicht besser, halten sich an ihre gewohnten Heimatregeln und hinterlassen wenig oder gar kein Trinkgeld. Nehmen Sie es ihnen nicht allzu übel, nur wenige Menschen machen sich die Mühe und informieren sich darüber, wie viel Tip man in ihrem Reiseziel üblicherweise veranschlagt. Ein einfaches Mittel kann oft Wunder wirken, nämlich wenn auf der Rechnung in dicken Buchstaben ein „Tip is not included“ untergebracht wird, am besten unweit der ausgewiesenen Rechnungssumme. Wenn Sie das von Hand auf die Rechnung schreiben, wirkt das denke ich seltsam, besser ist es, wenn der Rechnungsdruck entsprechend angepasst wird.

29. Ein krasser Schuppen

Unmittelbaren Einfluss auf das Trinkgeldverhalten der Gäste hat neben dem persönlichen Auftreten des Personals natürlich auch die Art des jeweiligen Lokals. In der Weddinger Eckkneipe „Zum Magendoktor“ wird es aller Wahrscheinlichkeit schon allein aufgrund des dort verkehrenden Publikums um ein gutes Stück geringer ausfallen als in der schicken Szenebar in Prenzlauer Berg. Unabhängig von der Zahlkraft der Kunden kann es aber z. B. unter Umständen auch von Nachteil sein, in einer Hotelbar beschäftigt zu sein. Hier lässt man die Rechnung der Bequemlichkeit halber ganz gerne mal aufs Zimmer schreiben und bezahlt erst bei der Abreise. Bis dahin sind alle Kniffe, derer sich der Barmann möglicherweise bedient hat, längst verpufft. Je nach Situation kann es also durchaus ratsam sein, zur Steigerung des Trinkgeldes über einen Arbeitsplatzwechsel nachzudenken.

30. Der Abschiedsbrief

Eine mündliche Verabschiedung der Gäste sollte selbstverständlich sein, als noch wirkungsvoller kann sich aber erweisen, wenn Sie als Kellner zusätzlich auf die Rechnung ein „Dankeschön“ oder ähnliches schreiben. Hier sind der Kreativität keine Grenzen gesetzt, schreiben oder malen Sie was immer die Gäste erheitern wird. Wie bei Studien festgestellt wurde, können Smileys oder lächelnde Sonnen tatsächlich für ein höheres Trinkgeld sorgen. Doch Vorsicht! Blümchen, Gesichter und Co. kommen bei den Gästen laut eben jener Studie aber nur gut an, wenn Sie eine Kellnerin sind – bei den männlichen Kollegen hingegen sank das Trinkgeld durch solcherart künstlerische Betätigung sogar.

Einige rechtliche Dinge

Zum Abschluss dieses ersten Teils möchte ich mich noch einigen rechtlichen Aspekten zum Thema Trinkgeld widmen. In den verschiedenen Foren und Facebook-Gruppen für Gastronomen stolpert man immer wieder über dieselben Fragen, die ganz offenbar regelmäßig für Verwirrung unter Angestellten wie auch Inhabern sorgen. Oft wird dabei wild diskutiert, wie denn nun die rechtliche Situation in Deutschland aussehe, und am Ende bleibt wohl so mancher Beobachter der hitzigen Auseinandersetzung noch weitaus verwirrter zurück als zuvor. Aus diesem Grund habe ich einige der ständig wiederkehrenden Streitfragen in Bezug auf das Trinkgeld herausgepickt und hoffe, diese hier abschließend klären zu können.

Natürlich darf nicht vergessen werden, dass sämtliche Gerichtsurteile aus der Vergangenheit stammen und eine Änderung der Gesetzeslage für die Zukunft nicht ausgeschlossen werden kann. Der rechtliche Stand der nachfolgenden Punkte bezieht sich daher auf die deutsche Rechtsprechung zum 31.01.2018. Im Ausland kann die Rechtslage völlig anders aussehen, daher sollten Sie sich gesondert informieren, wenn Sie etwa in Österreich, der Schweiz oder sonst wo Ihr berufliches Dasein fristen.

Muss ich mein Trinkgeld mit meinen Kollegen teilen?

Trinkgeld, das Sie direkt von einem Ihrer Gäste erhalten, gehört Ihnen allein und niemand kann Sie dazu zwingen, es mit Ihren Kollegen zu teilen. Hierzu gibt es zahlreiche Gerichtsurteile, in denen es unter anderem heißt:

„Trinkgeld wird aus einer bestimmten Motivationslage heraus als eine freiwillige Leistung Dritter erbracht, da sich zwischen Trinkgeldnehmer und Trinkgeldgeber in gewisser Weise eine Art persönlicher Beziehung herausgebildet hat. Mit dem Trinkgeld möchte der Gast die Leistung des Kellners anerkennen." (Az.: 10 Sa 483/10)

Als Grundlage für nahezu alle Urteile dieser Art dient § 107 Abs. 3 der Gewerbeordnung, wo es wörtlich heißt:
„Die Zahlung eines regelmäßigen Arbeitsentgelts kann nicht für die Fälle ausgeschlossen werden, in denen der Arbeitnehmer für seine Tätigkeit von Dritten ein Trinkgeld erhält. Trinkgeld ist ein Geldbetrag, den ein Dritter ohne rechtliche Verpflichtung dem Arbeitnehmer zusätzlich zu einer dem Arbeitgeber geschuldeten Leistung zahlt."

Hierbei handelt es sich ohne Frage um einen Punkt, der in vielen Betrieben immer wieder zu großem Unmut unter dem Personal führt. Oft ist es nämlich üblich, das Trinkgeld während einer Schicht zu sammeln und meist am Ende der Schicht oder des Tages unter den dienstschiebenden Angestellten aufzuteilen. In der Praxis fühlt sich manch einer übers Ohr gehauen, da auch faule oder unfreundliche Kollegen unabhängig von ihrer Leistung in gleicher Weise an diesem Topf beteiligt werden.

Manchmal, wenn auch seltener, wird das Trinkgeld nach einem Punktesystem zum Monatsende verteilt. Je nach Position und Dienstalter erhält dabei jeder Angestellte einen bestimmten Anteil am Trinkgeldtopf. Dieses Tronc-System findet man fast ausschließlich in Hotels, in reinen Restaurantbetrieben oder Bars ist es meiner Erfahrung nach eher unüblich.

Häufiger ist hingegen die Handhabung, dass Kellner einen Teil ihres Trinkgelds an die Köche, das Barpersonal und unter Umständen auch an die Reinigungskräfte, Spüler usw. abgeben müssen. Der Anteil bemisst sich dabei häufig nicht direkt am Trinkgeld des Kellners, stattdessen wird ein gewisser Prozentsatz seines Umsatzes herangezogen, meist 1 – 1,5 %. „Müssen" ist hier wieder relativ zu betrachten, da wie bereits erwähnt keinerlei rechtliche Grundlage hierfür besteht und ein Kellner nicht dazu gezwungen werden kann. Grundsätzlich halte ich diese Regelung jedoch für vernünftig, denn auch Köche gehören nicht gerade zu den Spitzenverdienern und haben erheblichen Anteil an der Zufriedenheit (oder Unzufriedenheit) der Gäste. Da ist es nur gerecht, wenn auch sie ihr Stück abbekommen, sobald sich ein Gast für den gelungenen Abend monetär erkenntlich zeigt. Falls Sie das anders sehen, sollten Sie die nächste Bestellung Ihrer Gäste vielleicht nebenher selbst zubereiten und danach entscheiden, ob es den Aufwand wirklich wert ist.

Um noch einmal auf faule oder unfreundliche Kollegen zurückzukommen, die mutmaßlich weniger zum Geldtopf beitragen, so lässt sich ein solches Problem schnell und ohne Schwierigkeiten lösen. Wenn sich alle einige sind, dass Kollege sowieso ein lahmarschiger Matschkopf ist, der lieber in der Nase bohrt als sich um seine Gäste zu kümmern, dann sollten Sie ihm das ganz einfach sagen. Wiederholungstäter lassen sich ganz einfach vom Kollektiv bestrafen, indem sie künftig einen kleineren Anteil erhalten. Natürlich ist hierzu erforderlich, dass die übrigen Kollegen zusammenstehen – und mit dem Ausreißer vernünftig sprechen. Oft habe ich das Gefühl, es wird lieber hinter dem Rücken weiter gelästert, als die Sache endlich einmal zur Sprache zu bringen.

Darf mein Chef einen Teil des Trinkgelds einbehalten?

Auch hier verweise ich auf Punkt 1 und den Auszug aus der Gewerbeordnung. Ihr Chef hat mit dem Trinkgeld, das Sie von Gästen erhalten, nicht das Geringste zu tun. Er darf weder darüber verfügen, noch einen Teil davon für sich selbst abzweigen, es gehört Ihnen ganz allein. Wenn Sie ihm ein Stück vom Kuchen abgeben, etwa weil er Sie tatkräftig unterstützt hat oder Sie sogar zusammengearbeitet haben, dann ist das Ihre Entscheidung.

Grundsätzlich halte ich es für problematisch, wenn Inhaber einen Teil des Trinkgeldes für sich beanspruchen, allerdings ist es meiner Erfahrung nach weitgehend üblich. So staunte ich eines Tages nicht schlecht, als der Chef einer kleinen Bar, in der ich für kurze Zeit jobbte, den Tip des Abends vollständig mir überließ. Zunächst dachte ich sogar, ich hätte mich verhört.

Ich würde unter Umständen sogar so weit gehen und sagen, man kann sich als Gast das Trinkgeld sparen sofern klar ist, dass man vom Chef persönlich bedient wird. Er wird sich wohl kaum selbst den Mindestlohn auszahlen, warum ihn also noch zusätzlich ausstaffieren? Allerdings treffen Sie auf diese Weise möglicherweise auch einen Teil seiner Angestellten, z. B. das Küchenpersonal, das etwa prozentual am Trinkgeld beteiligt wird. In der erwähnten Bar jedenfalls war eine Schicht gleich doppelt profitabel, sobald man das Glück hatte und gemeinsam mit dem Chef eingeteilt war. Aber hierbei handelte es sich auch um einen Einzelfall in meiner Laufbahn.

Kann mein Chef die Trinkgelder sammeln und z. B. am Ende des Monats nach eigenem Ermessen an die Angestellten verteilen?

Diese Frage können Sie mittlerweile vermutlich selbst beantworten. Eine solche Vorgehensweise steht Ihrem Chef nicht zu, es liegt an Ihnen, ob Sie sie ihm gestatten.

Wie bei allen hausinternen Systemen steht man aber auch hier vor dem Problem, in Wahrheit eigentlich keine große Wahl zu haben. Wenn man eine neue Stelle annimmt, wird einem für gewöhnlich die übliche Handhabung des Betriebes in Bezug auf das Trinkgeld erläutert. Gefällt Ihnen das nicht, können Sie sich eben woanders einen Job suchen. Sind alle anderen Bedingungen akzeptabel, arrangieren sich daher die meisten mit den hausinternen Trinkgeldregelungen.

Ich würde jedoch entschieden davon abraten, allein dem Inhaber die Verteilung des Trinkgeldes anzuvertrauen und geduldig auf die monatliche Auszahlung zu warten. Es ist nicht leicht, auf diese Weise den Überblick zu behalten und schon mehrmals habe ich es erlebt, dass dadurch einem unerklärlichen Trinkgeldschwund Vorschub geleistet wird. Das können Sie natürlich nur dann zuverlässig feststellen, wenn Sie sich die Zahlen notieren. Häufig wird in derartigen Betrieben allerdings mit einem „Chef-Portemonnaie“ gearbeitet und man kann nie genau wissen, wieviel Geld sich gerade darin befindet.

Oft hat ein solches Vorgehen System, und wo immer ich es antraf, suchte ich bereits nach wenigen Wochen oder gar Tagen das Weite. Wenn ein Betreiber schon sein eigenes Personal übers Ohr haut, was glauben Sie wohl treibt er in Bereichen seines Unternehmens, die Sie nicht so ohne weiteres einsehen können?

Muss ich mein Trinkgeld versteuern?

Grundsätzlich ist das freiwillig gewährte Trinkgeld in Deutschland seit dem Jahr 2002 von jeglicher Besteuerung ausgenommen (§ 3 Nr. 51 EStG Gesetz zur Steuerfreistellung von Arbeitnehmertrinkgeldern v. 8.8.2002, BGBl 2002 S. 3111; im selben Jahr wurde im Übrigen auch das Prostitutionsgesetz verabschiedet – das kann kein Zufall sein, wie eine ehemalige Arbeitskollegin von mir sagen würde, stammt von ihr doch der Spruch, in der Gastronomie zu arbeiten sei „wie Prostitution, nur ohne Sex“). Voraussetzung für die Steuerbefreiung ist jedoch, dass Trinkgeld

- freiwillig und „persönlich“
- anlässlich einer Arbeitsleistung
- zusätzlich zu dem Betrag, der für die Arbeitsleistung zu bezahlen ist
- dem Arbeitnehmer für eine Arbeitsleistung durch Dritte
- ohne, dass ein Rechtsanspruch besteht

gewährt wird.

Diese Formulierung lässt auf Ausnahmen schließen.

Wird das Trinkgeld bspw. in einem Tronc gesammelt, ist es steuerpflichtig. Der Bundesfinanzhof begründete diese Entscheidung damit, dass zwischen Trinkgeldgeber und Trinkgeldnehmer sodann keine persönliche Beziehung bestehe, da das Geld anonym in einen Sammeltopf fließe und anschließend vom Arbeitgeber verteilt werde.

Auch in den hierzulande eher seltenen Fällen, da das Trinkgeld in die Preise von Speisen und Getränken eingerechnet wird, unterliegt es der Steuerpflicht. Bei dieser Handhabung entfällt einerseits eine andere Voraussetzung für die Steuerbefreiung, und zwar die Freiwilligkeit. Zudem entsteht durch die Ausweisung von Gesamtpreisen inklusive Trinkgeld ein Rechtsanspruch auf eben jene Geldleistung.

In aller Regel sollten Kellner und Barkeeper in Deutschland auf keine allzu großen Schwierigkeiten in Bezug auf die Steuerpflicht ihrer Trinkgelder stoßen. Während meiner Ausbildung zum Hotelfachmann hatte zwar noch die in 2002 abgeschaffte Steuerpflicht Bestand, doch glauben Sie wohl nicht ernsthaft, irgendwer in meinem Ausbildungsbetrieb hätte damals die tatsächliche Höhe seines Trinkgeldes angegeben? Dem kamen die Gesellen nicht nach, und ich als armer Azubi schon gar nicht.

Teil II

Wie aus mehr noch mehr wird: Trinkgelder sinnvoll verwenden

Bis hierhin sollte Ihnen klar geworden sein, dass es recht unkompliziert möglich ist, Ihr Trinkgeldaufkommen innerhalb kürzester Zeit merkbar zu steigern. Freuen Sie sich über dieses „Mehr“ in Ihrer Tasche, doch verballern Sie es nicht gleich wieder bei der nächsten Gelegenheit in Ihrer Stammkneipe oder beim Onlineshopping auf Zalando. Weitaus klüger als einen finanziellen Zugewinn zu verkonsumieren, ganz gleich welchen Ursprung dieser nun haben mag, ist es, diesen dergestalt zu verwenden, dass er sich weiterhin und auch in Zukunft vermehrt. Sofern Sie nicht über ein ausgesprochenes Händchen als Geldfälscher verfügen und eine tonnenschwere Druckerpresse in Ihrem Keller stehen haben, gibt es nur eine einzige Möglichkeit wie sich aus Geld mehr Geld machen lässt: durch investieren. Es ist eine der magischen Fähigkeiten des vielgeschmähten Kapitalismus, dass sich Geld scheinbar durch seine bloße Existenz wie aus dem Nichts vermehren lässt. Werden Sie also zum Investor!

Lassen Sie sich von diesem großspurigen Wort nicht einschüchtern, denn Investor zu sein hat nichts damit zu tun, Millionenbeträge in irgendwelche Hightech-Startups zu stecken. Jedermann kann heutzutage so einfach wie noch nie zuvor zum Investor werden, und das mit einem Kapitaleinsatz, der schon bei wenigen Euros beginnt. Hierzu gibt es mehrere Möglichkeiten, die ich Ihnen auf den folgenden Seiten vorstellen will. Jede verfügt über ihre eigenen Vor- und Nachteile, doch haben sie alle miteinander gemeinsam, dass sie sich innerhalb kürzester Zeit und ohne großen Aufwand umsetzen lassen.

Vielleicht sind Sie noch nicht überzeugt und fragen sich, weshalb Sie Ihr Geld überhaupt investieren und nicht wie bislang gewohnt in „Gabis Pilsstüberl“ tragen oder zum Kauf der schicken Lederjacke nutzen sollten, auf die Sie schon seit Monaten ein Auge geworfen haben. All das könnten Sie natürlich tun. Sie könnten sich auch einen größeren Urlaub gönnen, sich ein neues Auto kaufen oder mal so richtig nobel essen gehen. Eine solche Vorgehensweise hätte nur einige entscheidende

Nachteile: Nach dem ganzen Spaß ist kaum mehr etwas übrig als schöne Erinnerungen und Urlaubsfotos, das Essen wird bald verdaut und ,ähm, ausgeschieden sein, das Auto verliert so schnell wie kaum ein anderer Gebrauchsgegenstand an Wert und macht zusätzliche Geldaufwendungen erforderlich, und selbst an die Lederjacke haben Sie sich ziemlich schnell gewöhnt und fühlen sich beim Tragen derselben kaum mehr außergewöhnlich. Diesem Abflauen des Belohnungsgefühls können Sie nur dadurch begegnen, indem Sie die entstandene Lücke mit neuen Konsumgütern wieder ausfüllen. Und das gleiche immer wieder tun – ein Teufelskreislauf, dem nicht leicht zu entkommen ist.

Hierzu ist viel Disziplin erforderlich, die sich aber trainieren lässt. Folgendes sollten Sie sich dabei bewusst machen: Geld, welches Sie heute nicht für Konsumgüter ausgeben sondern stattdessen sinnvoll investieren, wird in Zukunft vermehrt oder sogar vervielfacht zu Ihnen zurückkehren. Es erinnert ein wenig an die Jenseitsvorstellungen einiger Religionsgemeinschaften, die vereinfacht in etwa besagt, worauf man in seinem irdischen Dasein verzichtet, das wird einem im Paradies um ein vielfaches vergolten – nur, dass Sie auf die Früchte Ihres Verzichts nicht erst bis nach Ihrem Tod zu warten brauchen.

Ich kann Sie noch in einer weiteren Hinsicht beruhigen, denn es ist durchaus nicht notwendig, nun auf jedweden Konsum und selbst den kleinsten Luxus zu verzichten. Das würde einerseits keinen Spaß machen und andererseits auch nicht funktionieren, denn früher oder später würde Sie das drängende Bedürfnis überwältigen, sich endlich mal wieder etwas zu gönnen. Sodann wäre ein Blick auf das Ersparte wohl zu verlockend und die Gefahr, alles auf einen Schlag zu verprassen, unglaublich groß.

Jedermann soll leben, doch leben Sie niemals auf Kosten Ihrer eigenen Zukunft. Außerdem sage ich nicht, niemand solle sich teure Luxusgegenstände wie etwa ein Auto kaufen, wenn er das unbedingt möchte (übrigens eines der ineffizientesten Fortbewegungsmittel aller Zeiten – sogar Pferdekutschen und

Fuhrwerke waren zu ihrer Zeit wirtschaftlicher). Sie können sich kaufen, was immer Sie begehren, solange Sie es sich leisten können. Da Sie nun allerdings dieses Buch in Händen halten, verleitet mich das zu der Annahme, dass Sie sich derzeit eben keinen teuren fahrbaren Untersatz leisten können und sollten. Halten Sie sich stets im Rahmen Ihrer finanziellen Verhältnisse und Sie haben eine Chance, vorwärts zu kommen.

Die klassischen Formen des Sparens

Die Wahrscheinlichkeit ist recht groß, dass auch Sie bislang zu den Leuten gehören, die auf die klassischen, typisch deutschen Sparstrategien setzen. Sodann besitzen Sie vermutlich ein Sparbuch, einen Bausparvertrag und natürlich das obligatorische Girokonto, worauf Sie Ihr Erspartes verteilt haben. Vor allem finde ich diese noch immer ungebrochene Beliebtheit des Sparbuches erstaunlich - das ich selbst natürlich ebenfalls noch sehr gut kenne - wird es doch seinem Namen schon lange nicht mehr gerecht: Die Zinsen sind im Keller und es ist ausgesprochen unflexibel, da man meist nur über einen geringen monatlichen Betrag verfügen kann und auch die Kündigungsfrist in aller Regel mehrere Monate beträgt. Diese Form der Geldanlage mag zu Omas Zeiten interessant gewesen sein, heute ist sie hingegen alles andere als zeitgemäß. Wenn Sie wirklich mehr aus Ihrem hart erarbeiteten Geld machen wollen, können Sie Sparbücher, Bausparverträge und auch das Girokonto vergessen (letzteres benötigen Sie natürlich dennoch für Ihre regemäßigen Ein- und Ausgänge).

Ein wenig besser sieht es bei Tages- und Festgeldkonten aus, hier betragen die Guthabenzinsen auch schon mal bis zu 2 %. Für Festgeldkonten gilt, je länger Sie Ihr Geld dort anlegen, desto höher ist der Zinssatz, allerdings erreicht er auch hier selten mehr als 2 bis 3 Prozent, zudem kommen Sie an Ihr Geld für den zuvor vereinbarten Zeitraum nicht heran. Nun werden Sie sich vielleicht sagen, dass 2 % Zinsen im Vergleich zu einem Sparbuch oder Girokonto doch gar nicht mal so schlecht klingen. Seien Sie sich dabei aber über eine Sache im Klaren: Die Inflation in Deutschland betrug im Jahr 2017 durchschnittlich 1,8 %, was bedeutet, dass Ihr Geld im Jahresverlauf um diesen Prozentsatz an Kaufkraft verloren hat. Mit Hilfe eines Tages- oder Festgeldkontos wäre es Ihnen vielleicht gerade so gelungen, diesen Kaufkraftverlust auszugleichen, lag Ihr Erspartes hingegen auf einem Sparbuch oder Girokonto herum, dann haben Sie effektiv Geld verloren. Dass es auch anders geht, werden die nachfolgenden Alternativen verdeutlichen.

Leider herrscht hierzulande noch immer ein recht zwiespältiges Verhältnis zum Geld. Natürlich möchte jeder gerne mehr davon haben, davon zu sprechen ist aber verpönt, es zu besitzen gar unanständig. So ist es nur folgerichtig, dass wir in der Schule allen möglichen Unsinn beigebracht bekommen, nicht aber wie man mit Geld umgeht. Kein Wunder also, dass die Anzahl der ver- und überschuldeten Haushalte in Deutschland stetig wächst. Natürlich sind hierfür auch zu einem nicht unerheblichen Teil Ursachen wie Arbeitslosigkeit, Krankheit oder ähnliches verantwortlich, doch können sehr viele Menschen ganz einfach nicht vernünftig wirtschaften oder befinden sich in einem ständigen Konsumrausch. Dabei gibt es triftige Gründe, klug mit dem eigenen Geld umzugehen, einen Teil davon zu Sparen und dabei eine jährliche Rendite anzustreben, die deutlich über 3 % liegt:

- **Vorsorge fürs Alter:** Rechnen Sie wirklich noch mit einer Rentenhöhe, die Ihnen zum Leben reichen wird?

- **Vorzeitige Rente:** Wer früh genug mit dem Investieren beginnt, dem kann es sogar gelingen, deutlich früher als mit 67 in Rente zu gehen. Die Rente mit 50 ist durchaus nicht unrealistisch, wie ich später noch zeigen werde.

- **Größere Anschaffungen in der Zukunft:** Vielleicht planen Sie den Kauf einer Wohnung oder eines Hauses. Allerdings ist auch hier wiederum die Gefahr recht groß, das Ersparte für sinnlose Konsumgüter wie etwa ein teures Auto oder feucht-fröhliche Partys im eigenen Jacuzzi zu verschleudern.

- **Der Schritt in die Selbständigkeit:** Wer mit dem Gedanken spielt, irgendwann sein eigenes Lokal zu eröffnen, sollte rechtzeitig die entsprechende Vorsorge treffen, um nicht ausschließlich auf Kredite und das Geld anderer angewiesen zu sein.

Eine Grundregel: Mehr einnehmen als ausgeben

Es ist eigentlich vollkommen logisch und sollte kaum Erwähnung verdienen, doch unglaublich viele Menschen geben aus mir unerklärlichen Gründen mehr Geld aus als sie einnehmen. Schulden scheinen neuerdings irgendwie sexy zu sein. Dass man es durch so einen Lebensstil nie schaffen wird ein Vermögen aufzubauen, liegt auf der Hand. Investieren kann nur, wer einen Überschuss erwirtschaftet, also deutlich mehr einnimmt als er ausgibt. Dies lässt sich grundsätzlich auf zweierlei Arten bewerkstelligen, die im Idealfall Hand in Hand gehen:

1. Die Einnahmen steigern
2. Die Ausgaben senken

Das Problem beginnt schon dabei, dass einige Menschen

weder genau darüber Bescheid wissen, wieviel sie einnehmen, noch einen Überblick darüber besitzen, wie hoch ihre monatlichen Ausgaben sind. Sollten auch Sie zu diesem Personenkreis gehören, dann rate ich Ihnen dringend zur Aufstellung eines Haushaltsplans. Wenn Sie in der Gastronomie arbeiten, was nach dem Kauf dieses Buches mehr als wahrscheinlich ist, empfehle ich Ihnen, sich zusätzlich zum Gehalt Ihre täglichen Trinkgeldeinnahmen zu notieren. Da Trinkgelder naturgemäß starken Schwankungen unterworfen sind, lässt sich aus dem Bauch heraus nur sehr unzureichend schätzen, wie hoch der monatliche Durchschnitt ausfällt. Halten Sie Ihr Trinkgeld also schriftlich fest, addieren Sie am Monatsende die Einzelbeträge und übertragen Sie diese in eine Tabelle wie die folgende:

Einnahmen 2017		
Monat	**Gehalt (netto)**	**Tip**
Januar	900,00 €	837,00 €
Februar	900,00 €	688,00 €
März	900,00 €	652,00 €
April	900,00 €	666,00 €
Mai	900,00 €	975,00 €
Juni	900,00 €	956,00 €
Juli	900,00 €	921,00 €
August	900,00 €	1.130,00 €
September	900,00 €	847,00 €

Oktober	900,00 €	736,00 €
November	900,00 €	545,00 €
Dezember	900,00 €	789,00 €
Gesamt	**10.800,00 €**	**9.742,00 €**
Monatl. Ø	**900,00 €**	**811,83 €**
Total	**20.542,00 €**	

Diese Zahlen sind lediglich Beispielhaft und verraten Ihnen keineswegs meinen Kontostand für das Jahr 2017

Die monatlichen Durchschnittswerte übertragen Sie sodann in die nachstehende Tabelle und erhalten dadurch am Ende eine Übersicht über Ihren monatlichen Überschuss bzw. Verlust, den sog. Cashflow. Achten Sie darauf, stets Durchschnittswerte in Netto (!) zu verwenden, teilen Sie also z. B. das Weihnachtsgeld, das Sie möglicherweise einmal am Jahresende erhalten, durch 12 (Monate), andernfalls stimmen Ihre Zahlen nicht. Einige Werte lassen sich recht zuverlässig angeben, da sie nur sehr wenig oder aber gar nicht schwanken wie etwa Miete, Strom, GEZ und Internetkosten. Andere hingegen wie die Ausgaben für Kleidung und Freizeitaktivitäten dürften kaum jeden Monat in gleicher Höhe anfallen. Schätzen Sie einfach wie viel Sie hierfür in etwa im Monat ausgeben, im Zweifelsfall sollten Sie die Zahlen lieber etwas höher ansetzen.

Durchschnittlicher monatlicher Cashflow 2017			
Einnahmen		**Ausgaben**	
Gehalt	900,00 €	Miete	640,00 €
Tip	811,83 €	Strom	45,00 €
Weihnachtsgeld	12,50 €	GEZ	17,98 €
Dividenden	13,46 €	Lebensver-sicherung	15,00 €
Zinserträge	25,04 €	Telekom	61,77 €
Nebenkosten Erstattung	11,00 €	Netflix	10,99 €
		Handy	19,99 €
		Lebensmittel	250,00 €
		Lotto	20,00 €
		Kleidung	50,00 €
		Freizeit	200,00 €
Gesamt	**1.773,83 €**		**1.330,73 €**
Cashflow monatlich	**443,10 €**		
Cashflow jährlich	**5.317,24 €**		

Eine entsprechende Excel-Vorlage können Sie unter www.thomas-majhen.de/downloads/ kostenlos herunterladen. Geben Sie einfach Ihre eigenen Posten und Zahlen ein und die Durchschnittswerte werden automatisch berechnet und übertragen.

Wie Sie der zweiten Tabelle nun entnehmen können, verfügen wir im angegebenen Beispiel über einen monatlichen Überschuss von 443,10 €, den wir zur freien Verfügung haben und investieren können. Das ist schon mal nicht schlecht, wenn es Ihnen aber gelingt mehr einzunehmen (z. B. durch eine gesteigerte Trinkgeldquote) oder weniger auszugeben, indem Sie etwa weniger Geld für Kleidung aufwenden, dann ist das natürlich noch besser.

Vergessen Sie auch nicht eine eiserne Reserve anzulegen, also Geld, das für Notfälle (Arbeitslosigkeit, Krankheit) vorgesehen ist und jederzeit verfügbar sein muss. Eine solche Reserve sollte in etwa ausreichen um Ihre laufenden und unvermeidbaren Unkosten für zwei bis drei Monate abzudecken. Daneben dürfen Sie niemals Kosten außer Acht lassen, von denen Sie schon heute wissen, dass Sie in absehbarer Zukunft auf Sie zukommen werden. All diese Beträge können Sie beispielsweise auf einem Tagesgeldkonto anlegen, damit sie wenigstens vor der Inflation geschützt sind, Sie aber im Bedarfsfall dennoch schnell darauf zugreifen können.

Investieren Sie immer nur Geld, das Ihnen wirklich vollkommen frei zur Verfügung steht und nicht für wichtigere Dinge wie Miete, Lebensmittel, Unterhalt usw. benötigt wird!

Ein Wunder des Kapitalismus: Der Zinseszinseffekt

Man muss den Kapitalismus nicht unbedingt gutheißen. Er hat ohne Frage seine Schattenseiten, neigt zu Störungen und Infarkten, doch ist er das am besten funktionierende und auch gerechteste System, das sich die Menschheit im Laufe seiner Geschichte bislang ausgedacht hat. Für meine Begriffe ist vollkommen klar und unausweichlich, dass der Kapitalismus nicht bis in alle Ewigkeit in seiner jetzigen Form fortbestehen kann, irgendwann in der Zukunft wird er sicherlich durch ein besseres (zwischenzeitlich vielleicht auch schlechteres) System ersetzt werden. Ob wir das allerdings noch erleben, ist mehr als fraglich, zudem sollten Sie sich selbst die folgende Frage beantworten: Auch wenn Sie das System schlecht finden, welchen Grund könnte es geben, dass nicht auch Sie die sich darbietenden Vorteile und Chancen nutzen?

Kapitalismus bedeutet nicht unweigerlich, dass schwächere ausgebeutet werden, es bedeutet aber in jedem Fall, dass die Unwissenden oder Unflexiblen über kurz oder lang auf der Strecke bleiben. Es ist ohne Frage wahr, dass das System dazu verleitet, auf dem Rücken der Schwachen herum zu trampeln, weitaus häufiger jedoch haben die Dummen das Nachsehen. Wer genau diese Dummen sind, haben Sie vielleicht schon erraten: die Konsumenten. Konsumenten sind wir alle, doch man kann den eigenen Konsum auch auf die Spitze treiben und sein ganzes Leben nach dem eigenen Konsumverhalten ausrichten. Man kann sich über unlautere Methoden und Preisabsprachen der großen Konzerne beschweren, denn stets sind es die Konsumenten, die den Preis dafür zu zahlen haben. Wer aber profitiert von den Unternehmensgewinnen, unabhängig davon, ob diese nun auf ehrliche oder fragwürdige Weise erworben wurden? Neben den Unternehmen selbst sind das dessen Aktionäre. Nun könnte man auf diese Aktionäre gleichfalls schimpfen – was aber spricht denn dagegen, stattdessen selbst zum Aktionär zu werden? Womit wir wieder beim Thema finanzielle Bildung wären. Wir leben in einem Wirtschaftssystem, auf das wir praktisch nicht vorbereitet werden, nicht in der Schule und oft auch nicht zu Hause. Auch ich halte einige Auswüchse des Kapitalismus für sehr bedenklich, doch werden Sie oder ich das System nicht ändern, aber wir können es verstehen lernen und daran teilhaben.

Eines der unglaublichsten Wunder des Kapitalismus ist nun der sog. Zinseszinseffekt, von dem Sie sicher schon einmal gehört haben. Nehmen wir einmal beispielhaft an, Sie würden 1.000 € zu einem jährlichen Zinssatz von 10 % anlegen („Lächerlich", werden Sie sagen, „wo bekomme ich schon 10 %?"; aber dazu später mehr). Sehen und staunen Sie, wie sich Ihre 1.000 € im Laufe der Zeit entwickeln würden:

Anlagesumme: 1.000 € Zinsen p. A.: 10 %	
Nach 1 Jahr	1.100 €
Nach 3 Jahren	1.331 €
Nach 5 Jahren	1.610,51 €
Nach 8 Jahren	2.143,59 €
Nach 10 Jahren	2.593,74 €
Nach 15 Jahren	4.177,25 €
Nach 20 Jahren	6.727,50 €

Nach 8 Jahren hätten Sie Ihren ursprünglichen Investitionsbetrag mehr als verdoppelt, und das ohne sonderlich viel dafür tun zu müssen. Der Zinseszinseffekt macht's möglich,

denn die auf Ihr Kapital anfallenden Zinsen werden erneut angelegt und wiederum verzinst. Ein exponentielles Wachstum, das sich theoretisch endlos fortsetzen lässt. Zwei Faktoren sind dabei jedoch von allesentscheidender Bedeutung:

1. Der investierte Betrag
2. Die Zeit

Je mehr Geld Sie für Investitionen zur Verfügung haben und je geduldiger Sie sind und die Zeit für sich arbeiten lassen, desto beeindruckender ist der Effekt. Das ist einer der Hauptgründe, weshalb die vielgeschmähten Reichen immer reicher werden. Sie brauchen sich selbst nur einmal auszumalen was geschehen würde, wenn Sie an den Ausgangsbetrag von 1.000 € noch ein paar nette Nullen anhingen.

Ihr Ziel sollte es also sein, einen möglichst hohen Betrag für Investitionen zurückzustellen. Und seien wir ehrlich, in der Gastronomie lässt sich noch immer gutes Geld verdienen und 1.000 € in einem Jahr bzw. 83 € im Monat sollte selbst für die meisten Sklaven der Branche kein allzu großes Problem darstellen. Wie viele Tage müssen Sie üblicherweise für 83 € arbeiten? Nehmen wir Trinkgeld und Lohn zusammen, benötigen Sie hierfür vermutlich nicht einmal einen ganzen Tag, wollen Sie die Summe nur mittels Trinkgeld aufbringen, sind es vielleicht zwei. Wenn Sie an Ihrer eigenen Wirtschaftlichkeit arbeiten und nicht gerade drei Kinder zu versorgen haben, dann können Sie diesen Betrag vermutlich ganz leicht übertreffen, trotzdem noch Spaß am Leben haben und auch weiterhin gelegentlich nach der Arbeit auf ein paar Drinks in Ihrer Stammkneipe vorbeischauen.

Unter nachfolgendem Link können Sie den Zinseszinseffekt selbst berechnen. Spielen Sie mit den Zahlen, verändern Sie Anfangskapital, Zinssatz und Laufzeit, und beobachten Sie, was passiert.

www.zinsen-berechnen.de/zinsrechner.php

Daneben empfehle ich Ihnen den Sparrechner, mit dessen Hilfe Sie berechnen können, wie sich ein fester monatlicher Sparbetrag auf das Ergebnis auswirkt. Schließlich macht es wesentlich mehr Sinn, regelmäßig etwas Geld zu investieren als nur einmal und danach nie wieder. Beachten Sie hierzu das nachstehende Beispiel, das verdeutlicht, wie durch langfristiges und konsequentes Sparen und Anlegen der Zinseszinseffekt maximal ausgenutzt werden kann:

Anfangskapital: 1.000 € **Monatliche Sparrate: 100 €** **Zinsen p. A.: 10 %**	
Nach 1 Jahr	2.365 € Davon Zinsen: 165 €
Nach 3 Jahren	5.518,15 € Davon Zinsen: 918,15 €
Nach 5 Jahren	9.333,46 € Davon Zinsen: 2.333,46 €
Nach 8 Jahren	16.258,05 € Davon Zinsen: 5.988,19 €
Nach 10 Jahren	21.765,84 € Davon Zinsen: 9.635,41 €
Nach 15 Jahren	39.500,28 € Davon Zinsen: 24.138,80 €
Nach 20 Jahren	64.797,94 € Davon Zinsen: 48.914,82 €

www.zinsen-berechnen.de/sparrechner.php

Zum Abschluss dieses Kapitels möchte ich Ihnen anhand eines weiteren Rechenbeispiels wie versprochen aufzeigen, dass es tatsächlich möglich ist, sich mit 50 zur Ruhe zu setzen. Mit kleineren Sparbeträgen kann das natürlich nur funktionieren, wenn man frühzeitig anfängt und einen langen Atem hat. Aber sehen Sie selbst:

Franz ist gerade 18 geworden und befindet sich im letzten Ausbildungsjahr zum Hotelfachmann. Er weiß, dass seine Chancen auf eine vernünftige Rente mehr als gering sind, schließlich hört er in den Nachrichten immer wieder von den Problemen des Rentensystems. Außerdem hat er überhaupt nicht vor, zu arbeiten bis er 67 oder womöglich sogar noch älter ist. Ein Leben lang arbeiten und das war es dann? Ohne Franz! Also hat er sich einen Plan zurechtgelegt mit dem er es schaffen kann, sich schon mit 50 zur Ruhe zu setzen oder sodann doch zumindest deutlich kürzer zu treten. Er hat sich folgendes ausgerechnet:

Jahre bis zum Erreichen des 50. Lebensjahres:	32
Monatliche Sparrate:	150 €
Jährliche Verzinsung:	10 %
Endergebnis nach 32 Jahren:	242.873,25 €
10 % Zinsen von 242.873,25 € nach Steuern:	18.092,81 €
Ergibt einen monatlich zur Verfügung stehenden Betrag von:	1.507,73 €

Selbstverständlich lassen sich auch einige Argumente gegen die Aussagekraft dieser Rechnung vorbringen:

Wie kann es sich Franz als Azubi leisten, monatlich 150 € zur Seite zu legen?

Das muss er gar nicht. Vielleicht schafft er bis zum Ende seiner Ausbildung nur einen geringeren Betrag, kann diesen danach aber allmählich anheben und nach einiger Zeit sogar mehr als die angestrebten 150 € sparen. Entscheidend ist lediglich, dass er im Verlauf der veranschlagten 32 Jahre einen durchschnittlichen monatlichen Sparbetrag von eben jenen 150 € vorweisen kann. Mit hoher Wahrscheinlichkeit hat er es jedenfalls nicht nötig, sich zum Erreichen seines Ziels zu prostituieren.

10 % jährlich sind unrealistisch. Nirgendwo bekommt man derart hohe Zinsen.

Peter Lynch, einer der erfolgreichsten Fondsmanager der 80er, erzielte während seiner 13jährigen Tätigkeit für den Fidelity Magellan Fonds eine durchschnittliche Jahresrendite von 29 %. Warren Buffett, ein weiterer großer Name unter den Börsengurus, erreichte von 1965 bis 2005 durchschnittlich 28 % im Jahr. Natürlich handelt es sich hierbei um Ausnahmetalente und weder Ihr noch mein Name ist Lynch oder Buffett. Lynch schätzte jedoch schon in den 1980ern, dass es selbst dem kleinen Privatanleger ohne weiteres gelingen könne, an den Aktienmärkten auf eine Rendite von 10 bis 15 % im Jahr zu kommen.

Was ist mit der Inflation? 1.500 € werden in 32 Jahren nicht mehr über dieselbe Kaufkraft verfügen wie heute.

Das ist wahr. Das Geld wird vermutlich weniger wert sein als heute, doch kann niemand vorhersagen, wie hoch die Inflation in 5, 10 oder 20 Jahren sein wird. Über einen so langen Zeitraum lässt sich überhaupt nicht einschätzen, welche Überraschungen das Weltgeschehen für uns bereithält. Gut möglich, dass in wenigen Jahren die Erde von einem Asteroiden getroffen wird oder die langerwartete Zombieapokalypse endlich ausbricht. Möglichweise wird im Jahr 2020 Mark Zuckerberg der nächste Präsident der USA, oder vielleicht gibt es in 15 Jahren eine von Amazon Inc. beherrschte Weltregierung, und wie heutzutage die GEZ-Gebühr ist die Mitgliedschaft bei Amazon Prime für jedes einzelne Lebewesen auf dem Planeten Pflicht. Das Leben ist ein Risiko, die ferne Zukunft umso mehr. Trösten Sie sich außerdem mit folgender Tatsache: Obwohl Franz am Ende über 242.000 € verfügt, hat er selbst doch nur 57.600 € eingezahlt, der weitaus größere Teil setzt sich aus Zinsen und Zinseszinsen zusammen, für die er letztlich keinen Finger krumm machen musste. Er könnte außerdem seine gesamten Investitionen auflösen und sich mit den 242.000 € eine schöne Zeit im eigenen Jacuzzi machen.

Ich bin viel älter als Franz, für mich ist der Zug abgefahren.

Wenn Sie schon etwas älter sind und damit weniger Zeit als Franz zur Verfügung haben, dann bedeutet das zunächst einmal lediglich, dass Sie einen höheren monatlichen Betrag zur Seite schaffen müssen, um auf ein ähnliches Ergebnis zu kommen. Je nachdem wie alt Sie nun sind, stehen die Aussichten darauf, früher in Rente zu gehen, mehr oder weniger gut. Doch auch wenn Ihr Zug hierfür tatsächlich bereits abgefahren sein sollte, so ist es doch nie zu spät, sein Geld zu vermehren – außer vielleicht wenn Sie schon 80 sind und mit einer Leberzirrhose zu kämpfen haben.

Ich weiß, langfristiges Sparen ist hart. Es ist nicht einfach auf greifbare Dinge im Hier und Jetzt zu verzichten, nur um in einer imaginären und kaum greifbaren Zukunft besser als heute dazustehen. Zudem vergleichen wir uns ständig mit anderen, wollen haben was sie haben, das gleiche teure Auto fahren, dieselben trendigen Klamotten tragen, die Welt wie sie bereisen. Wie schon erwähnt müssen Sie nicht auf alles verzichten, sofern

Sie schlau vorgehen: Kleidung ist zum Ende der Saison billiger und sieht im nächsten Jahr immer noch genauso gut aus, ein Jahreswagen verliert nicht so rapide an Wert wie ein Neuwagen, und Reisen sind außerhalb der üblichen Urlaubszeiten deutlich günstiger, nur um einige Beispiele zu nennen.

Eines unserer Hauptprobleme ist meiner Meinung nach der Umstand, dass wir von Natur aus nicht gerne warten und unsere Bedürfnisse immer so schnell wie möglich befriedigt sehen wollen. Üben Sie sich in Geduld und die Zeit wird auf Ihrer Seite sein. Greifen Sie in schwachen Momenten zu Hilfsmitteln und sehen Sie sich z. B. gelegentlich die obigen Tabellen an. Setzen Sie sich Ziele und malen Sie sich in möglichst bunten Farben aus, was Sie mit Ihrem dereinst angesparten Vermögen alles anstellen wollen. Es ist also Kopfkino angesagt. Bezwingen Sie Ihren Schweinehund mit einem ähnlichen Hilfsmittel, mit dem manche Eltern ihren Nachwuchs ruhigzustellen versuchen: setzen Sie ihn vor die (innere) Glotze.

Investitionsmöglichkeiten für Jedermann

Nun kommen wir endlich zu dem Abschnitt, an dem Sie erfahren, welche Möglichkeiten des Investierens Ihnen als kleiner Kellner, Barmann oder Angestellter irgendeiner anderen Branche offen stehen. Jede der vorgestellten Anlageformen nutze ich selbst, doch sollten Sie nicht vergessen, dass ich selber nur ein popliger Barmann und kein Anlageberater bin und die nachfolgenden Instrumente nur in aller Kürze behandelt habe.

Dieses Buch soll lediglich Denkanstöße geben und erprobte Möglichkeiten aufzeigen, wie man sein Geld gewinnbringend anlegen kann. Eine ausführliche Behandlung der

Anlageformen bis in alle Einzelheiten war hingegen nicht mein Ziel und ist auf knapp 100 Seiten auch überhaupt nicht realisierbar. Ich rate Ihnen daher dringend sich weiter mit der Materie zu beschäftigen und tiefer in die einzelnen Themengebiete einzutauchen. Sie können dies z. B. über Blogs oder Bücher tun, auch bin ich für Fragen jederzeit offen. Am Ende finden Sie deshalb einen Link mit einer kurzen Liste an Büchern, die ich für unbedingt lesenswert halte und die mir selbst ein großes Stück weitergeholfen haben. Denn neben Ihrem Geld sollten Sie noch eine weitere Sache regelmäßig investieren, nämlich Zeit in Ihre finanzielle Bildung. Auch diese Investition wird über die gleichen Eigenschaften verfügen wie jede gute Geldanlage, denn sie wird sich über kurz oder lang bezahlt machen und eine anständige Rendite abwerfen. Vergessen Sie nicht, (finanzielle) Bildung ist eine unumgängliche Voraussetzung für Ihren Erfolg.

Lassen Sie mich, bevor wir zum eigentlichen Thema kommen, noch eine Warnung voranstellen. Sehr viele Menschen bauen ihre Hoffnung auf die verquere Illusion, eines Tages werde ihnen durch einen glücklichen Zufall oder heißen Tipp schneller Reichtum ohne großen Aufwand einfach so in den Schoß fallen. Ich will nicht behaupten, dass schneller Reichtum unmöglich ist und es keine glücklichen Zufälle gibt, doch sind die Chancen hierauf derart verschwindend gering, dass niemand seine Zeit mit solcherart Gedankenspielen verplempern sollte. Auch wer auf angebliche Geheimtipps oder „todsichere Anlageprodukte" mit unglaublicher Rendite wartet, den muss ich enttäuschen. Bleiben Sie realistisch, denn niemand würde Ihnen einfach so eine Methode verraten, mit der Sie mit minimalem Aufwand innerhalb weniger Monate zum Millionär werden. Wenn Sie immer noch an derartige Märchen und außerdem an die Zahnfee und den Osterhasen glauben, dann empfehle ich Ihnen Lotto zu spielen oder Ihr Geld ins Casino zu tragen, denn dort stehen die Gewinnchancen mit 1:140 Mio. immer noch deutlich günstiger. Verinnerlichen Sie außerdem eine weitere Grundregel des Kapitalismus, die Sie auf Geldanlagen, Lotterien und

Casinospiele gleichermaßen anwenden können: Je höher die zu erwartende Rendite, desto höher ist auch das Risiko.

Werden Sie nicht zum Zocker, dafür müssen Sie für Ihr Geld viel zu hart schuften. Ich habe ein Jahr meines Lebens in einem Casino gearbeitet und kann Ihnen sagen, dass die Vorgänge dort nur sehr wenig mit Glücksspiel zu tun haben. Alles ist mathematisch berechnet und Sie haben kaum einen Einfluss auf den Ausgang. Die Bank besitzt bei jedem Spiel einen kleinen Vorteil, der sich langfristig auszahlt. Nichts hat dort also wirklich mit Glück zu tun, alles ist wohl kalkuliert, und zwar zu Ihrem Nachteil. Intelligente Geldanlagen haben hingegen den entscheidenden Vorzug, dass Sie auf das Ergebnis einen großen Einfluss nehmen und somit direkt steuern können, ob Sie als Gewinner oder Verlierer aus dem Spiel hervorgehen. Hier gehört manchmal natürlich ebenfalls Glück dazu, denn so viel man auch immer abwägt, einschätzt und berechnet, stets hat auch der Zufall seinen Anteil am Ausgang einer Unternehmung. Durch Wissen und eine kluge Vorgehensweise können Sie jedoch das Risiko auf ein Minimum reduzieren. Versuchen Sie das einmal in einem Casino oder beim Ausfüllen des Lotteriescheins.

P2P-Kredite

Eines der Kerngeschäfte von Banken besteht bekanntermaßen darin, Geld an Personen oder Unternehmen zu verleihen und dieses Geld nach einer gewissen Laufzeit mit Zinsen zurückzuerhalten. Die Höhe des geliehenen Betrages, die Laufzeit des Kredites und die Höhe der darauf anfallenden Zinsen werden von vornherein anhand bestimmter Kriterien festgelegt. Je mehr Sicherheiten eine Person dabei vorweisen kann, wie etwa Immobilien, ein fixes Gehalt usw., desto einfacher wird diese Person ein Darlehen bekommen und oftmals fällt auch der Zinssatz niedriger aus, da für die Bank die Gefahr geringer ist, ihr Geld nie wieder zu sehen. Nichts liegt mir ferner als Ihnen nun vorzuschlagen, einen Kredit aufzunehmen und sich zu verschulden; im Gegenteil – werden Sie zur Bank!

P2P steht für „Peer to Peer“, also „von Gleichen zu Gleichen“ und bedeutet nichts anderes, als dass Privatpersonen an andere Privatpersonen Geld verleihen. Ebenfalls gegen Zinsen, versteht sich. Sie müssen sich nun nicht in Ihrem Bekanntenkreis umhören, ob nicht etwa jemand ein Darlehen von Ihnen gebrauchen könnte. Geld an Bekannte und Freunde zu verleihen führt meist zu großem Unmut auf beiden Seiten und birgt letztlich sogar die Gefahr, die Freundschaft zu zerstören. Außerdem geht das Ganze um vieles einfacher. Seit einigen Jahren existieren nämlich mehrere Internetplattformen, die diesen Dienst anbieten, indem sie Darlehensnehmer und Darlehensgeber, die sich in aller Regel nicht kennen und auch nie persönlich begegnen, zusammenbringen. Der hierzulande wohl bekannteste Anbieter dieser Art dürfte Auxmoney sein, Sie kennen die Firma sicherlich aus der Werbung. Gerade in Osteuropa und dem Baltikum aber haben sich in den letzten zehn Jahren mehrere P2P-Firmen etabliert und bieten deutlich attraktivere Konditionen an als ihr deutsches Pendant. Und so funktioniert das Prinzip:

1. Sie registrieren sich online bei der Plattform Ihrer Wahl.

2. Oft müssen Sie Ihre Identität noch verifizieren, z. B. indem Sie Ihren Personalausweis einscannen und auf die Seite hochladen.

3. Als nächstes überweisen Sie Geld von Ihrem Girokonto auf das bei Ihrem P2P-Anbieter eingerichtete Konto.

4. Über eine Auto-Invest-Funktion stellen Sie ein, welcher maximale Betrag an eine einzelne Person verliehen werden darf, über welche Bonität diese verfügen muss und wie lange die Kredite laufen sollen. Außerdem legen Sie fest, ob

die anfallenden Zinsen reinvestiert oder aber Ihrem Konto gutgeschrieben werden sollen.

5. Nach einigen Wochen gehen die ersten Zinszahlungen auf Ihr Konto ein.

<u>Vorteile von P2P-Krediten:</u>

- Nach der in aller Regel unkomplizierten Registrierung haben Sie praktisch keine Arbeit mehr mit der Verwaltung Ihres P2P-Kontos. Sie legen nur noch die Investitionsparameter fest und zahlen Geld auf das Konto ein.

- Die Einrichtung des Accounts ist auf fast allen Plattformen kostenlos. Finanziert werden diese Plattformen ebenfalls über die Zinszahlungen der Kreditnehmer.

- Es wird nicht Ihr gesamtes Geld an nur einen Kreditnehmer verliehen, stattdessen erhalten viele Darlehensnehmer Beträge von wenigen Cents bis hin zu einigen Euros. Die Höhe dieses Mindestbetrags ist von Anbieter zu Anbieter verschieden. Dadurch wird das Risiko breit gestreut, sollte einmal ein Kredit ausfallen (und das wird der eine oder andere unweigerlich).

- Die Zinsen schwanken je nach Anbieter, Risikobereitschaft und Ausfallrate zwischen 5 und 17 % pro Jahr.

- Sie erhalten regelmäßige, bei einigen Anbietern tägliche Statusberichte über Ihren Kontostand und Ihre Investitionen.

- Wenn Sie Ihr Geld von der Plattform abziehen wollen, legen Sie einfach fest, dass keine neuen Kredite vergeben werden sollen und warten, bis die aktuellen Darlehen auslaufen. Wollen Sie schneller an Ihr Geld kommen, können Sie die laufenden Darlehen bei vielen Anbietern auch weiterverkaufen, wodurch Ihnen allerdings die noch ausstehenden Zinszahlungen flöten gehen.

Nachteile von P2P-Krediten:

- Die Zinserträge bei Deutschlands größtem Anbieter Auxmoney sind recht gering, die Anmeldung unnötig kompliziert und die Plattform unübersichtlich. Besser machen es Anbieter aus dem europäischen Ausland.

- Kredite können ausfallen wenn der Darlehensnehmer die Tilgungsraten nicht weiter bedient, was immer wieder passiert und zum Tagesgeschäft gehört. Viele Plattformen bieten jedoch an solche Kredite zu verkaufen, sodass Sie wenigstens Ihr eingesetztes Kapital zurückerhalten. Manchmal ist dies jedoch mit Gebühren verbunden.

- Die Zinserträge müssen Sie in Ihrer Steuererklärung angeben und versteuern. Einige Anbieter bereiten einem auch hier Kopfzerbrechen, da Sie sich die erforderlichen Daten selbst mühsam zusammensuchen müssen.

- Das Worst-Case-Szenario besteht darin, dass die Plattform, auf der Sie Ihr Geld angelegt haben, pleitegeht. In so einem Fall wäre auch Ihr Geld weg, sofern Sie es nicht rechtzeitig abgezogen haben.

P2P-Kredite kann man insgesamt ohne Frage auch als moralisch fragwürdig ansehen. Immerhin leiht man Leuten sein Geld je nach Bonität zu teils horrenden Zinsen, die an Wucher grenzen. Man könnte die ganze Angelegenheit also durchaus von der Seite betrachten, dass man auf diese Weise dazu beiträgt, Menschen, die ohnehin schon nicht allzu gut mit Geld umgehen zu können scheinen, noch weiter in finanzielle Schwierigkeiten zu bringen. Für P2P-Kredite sprechen aber auch einige positive Aspekte, denn so gelangen durch sie Personen an Kredite, die bei den etablierten Banken nicht die geringste Chance hätten. Menschen mit geringer Bonität kommen dadurch an Gelder, mit deren Hilfe sie womöglich ein eigenes Business aufbauen und der Schuldenspirale so langfristig entkommen. Nach meinem Standpunkt liegt es im persönlichen Verantwortungsbereich der Darlehensnehmer selbst, ob sie einen Kredit beantragen und wozu sie die fragliche Summe verwenden wollen. Wenn es Sie jedoch besser schlafen lässt, dann können Sie bei vielen Anbietern festlegen, dass Ihr Geld lediglich an Personen mit guter bis sehr guter Bonität verliehen wird, also an Menschen, deren vorhandenen Sicherheiten darauf schließen lassen, dass sie auch wirklich vernünftig und nachhaltig wirtschaften können – wodurch sich natürlich Ihre Rendite reduziert. Hier muss jeder sein eigenes Gewissen befragen und die entsprechenden Entscheidungen treffen.

Unabhängig von der Gewissensfrage bieten P2P-Kredite eine einfache und unkomplizierte Möglichkeit Geld gewinnbringend anzulegen. Renditen zwischen 8 und 17 % sind dabei nicht ungewöhnlich. Natürlich dürfen Sie auch die Risiken nicht außer Acht lassen, zudem sollten Sie sich eingehend über die Vor- und Nachteile der verschiedenen Anbieter informieren. Im Internet finden Sie unter dem Stichwort „P2P“ viele gute und informative Blogs, die Sie in jedem Fall vorab durchlesen sollten, damit Sie auch wirklich wissen, worauf Sie sich einlassen. Außerdem können Sie dort die Erfahrungsberichte einiger Nutzer lesen und die zahlreichen Anbieter am Markt miteinander vergleichen. Auch bieten manche Webseiten Hilfestellungen zur Versteuerung Ihrer Einkünfte aus P2P-Krediten an. Gut gefallen hat mir z. B. der folgende Blog:

www.passives-einkommen-mit-p2p.de/

Ich selbst nutze seit einiger Zeit drei unterschiedliche P2P-Plattformen, wobei mich nur eine davon bislang restlos überzeugen konnte: Der Anbieter Bondora hat seinen Sitz in Estland und vergibt Kredite eben dort, in Finnland und Spanien. Die Webseite ist auf Deutsch, der Support ist ausgezeichnet, Sie können schon ab 1 € investieren und ausgefallene oder in Verzug geratene Darlehen lassen sich problemlos weiterverkaufen. Außerdem ist Bondora einer der ältesten Anbieter am Markt, schreibt seit einiger Zeit schwarze Zahlen und ist daher aus der schwierigen und riskanten Phase eines jungen Startups heraus. Zudem hat das Unternehmen offenbar keine Schwierigkeiten damit, neue Darlehensnehmer an Land zu ziehen, was durchaus manchmal der Fall sein kann. Auf anderen Plattformen kann es daher schon einmal vorkommen, dass mehrere Wochen vergehen bis Ihr Guthaben vollständig investiert ist. Bis dahin liegt es eben sinnlos und ungenutzt auf Ihrem P2P-Konto herum.

Ich wäre wohl kein allzu guter Kapitalist, würde ich nicht bei passender Gelegenheit auch auf meinen Eigennutz achten. Sollten Sie daher die Weise Entscheidung treffen und sich über den nachfolgenden Link bei Bondora anmelden, erhalten Sie 5 € geschenkt, zudem werden meinem Konto 5 % des von Ihnen innerhalb der ersten 30 Tage investierten Betrages gutgeschrieben (Affiliate). Verdammen Sie mich jetzt, belegen Sie mich und meine Nachkommen mit Flüchen und benutzen Sie die Seiten dieses Buches so lange der Vorrat reicht als Toilettenpapier, doch keine Sorge, die Anmeldung über diesen Link kostet Sie keinen Cent. Diese Vermittlungsprovision wird über die Zinsleistungen der Darlehensnehmer finanziert, außerdem können auch Sie danach neue Kunden werben und über Ihren persönlichen Link in gleicher Weise profitieren. Beinahe jede Plattform bietet zudem mittlerweile ähnliches an.

www.bondora.com/ref/thomasm22

Wenn Sie neugierig geworden sind, empfehle ich Ihnen das Prinzip von P2P-Krediten einmal mit einem geringen Betrag von vielleicht 50 – 100 € auszuprobieren. Dadurch halten Sie Ihr Risiko in engen Grenzen und können sich in Ruhe mit der Plattform Ihrer Wahl vertraut machen. Behalten Sie Bondora im Hinterkopf, aber selbstverständlich gibt es noch weitere sehr gute Anbieter am Markt. Achten sollten Sie dabei vorzugsweise auf solche, die sich bereits seit einigen Jahren etabliert haben. Zudem sollte die Plattform Ihrer Wahl die folgenden Kriterien erfüllen:

- Die Teilnahme als Darlehensgeber ist nicht mit irgendwelchen Kosten oder Gebühren verbunden.

- Webseite und Support sind auf Deutsch verfügbar.

- Idealerweise können Sie sich schon ab 1 € an Krediten beteiligen. Je niedriger die vom Betreiber festgelegte Mindestinvestition, desto geringer ist Ihr Verlust im Falle eines Ausfalls.

- Der Anbieter kommt leicht an neue Kreditnehmer, sodass Ihr Geld innerhalb kürzester Zeit unters Volk gebracht werden kann. Brachliegendes Kapital ist totes Kapital.

- Die Webseite ist leicht zugänglich und übersichtlich gestaltet, zudem erhalten Sie Zugang zu Daten und Statistiken Ihre Investitionen betreffend.

- Ausgefallene Kredite können problemlos an externe Inkassounternehmen verkauft werden.

- Die zur Steuererklärung erforderlichen Daten sind jederzeit abrufbar und können heruntergeladen werden.

Crowdinvesting

Beim Crowdinvesting finanzieren mehrere private Kapitalgeber zumeist junge Start-up-Unternehmen. Das Prinzip ist relativ neu und wird erst seit 2009 zunehmend populär. Für Sie als Kleinanleger lässt sich dies wieder einmal am einfachsten über bestehende Internetplattformen in die Tat umsetzen. Ähnlich wie auch bei P2P-Krediten stellen Sie also Ihr Geld zur Verfügung, wobei es in diesem Fall allerdings nicht an Privatpersonen sondern an Unternehmen verliehen wird, womit diese ihre Strukturen erweitern, Projekte verwirklichen oder sonst was anstellen können. In der Regel muss sich ein solches Start-up beim Plattformbetreiber um die Finanzierung bewerben. Der Businessplan, die Geschäftsidee, die Konkurrenz und auch das Gründerteam werden daraufhin einer genauen Prüfung unterzogen und die Erfolgsaussichten der Unternehmung eingeschätzt. Nur wer die Mindestkriterien der jeweiligen Plattform erfüllt wird überhaupt in die Finanzierungsrunde aufgenommen. Dabei gelten natürlich nicht überall die gleichen Vorgaben. So kann es schon einmal undurchsichtig erscheinen, welche Hürden ein sich bewerbendes Unternehmen überhaupt zu nehmen hat und ob die Aussichten auf Erfolg auch wirklich realistisch sind. Seriöse Anbieter stellen jedoch strenge Regeln auf und bieten den potenziellen Anlegern detaillierte Informationen über die jeweiligen Start-ups an. Oft sind solche Plattformen ursprünglich selbst mittels Crowdinvesting finanziert worden.

Der Ablauf ist zusammengefasst folgender:

1. Ein junges Unternehmen bewirbt sich bei einem Crowdinvesting-Anbieter um Finanzierung.

2. Der Anbieter prüft das Unternehmen auf Herz und Nieren und stellt bei positivem Ausgang Informationen darüber auf seiner Plattform bereit.

3. Im Verlauf eines vorher festgelegten Zeitraums wird den Anlegern eine Beteiligung angeboten. Die Finanzierung kommt dabei allerdings nur zustande, wenn innerhalb dieses Zeitplanes eine ebenfalls zuvor vereinbarte Investitionssumme erreicht wird, andernfalls erhalten die Anleger ihr Geld zurück.

4. Beim Erreichen des angepeilten Betrages gilt das Projekt als finanziert und das Unternehmen kann mit dem Aufbau bzw. mit der Erweiterung beginnen. Die Anleger werden von nun an regelmäßig, meist quartalsweise, über dic Entwicklung des Start-ups informiert.

Vorteile von Crowdinvesting:

- Sie helfen jungen und innovativen Unternehmern dabei ihre Ideen in die Tat umzusetzen.

- Es besteht die Möglichkeit eines außergewöhnlichen Erfolgs und einer entsprechenden Gewinn- bzw. Ausstiegsbeteiligung. Denken Sie nur an Google und Co.

- Sie können sich meist schon mit geringen Geldbeträgen ab 100 € beteiligen.

- Neben einer möglichen Ausstiegsbeteiligung (also falls das Unternehmen später gewinnbringend weiterverkauft werden sollte) bieten fast alle Projekte auch eine feste jährliche Verzinsung der Investitionssumme an.

- Es bietet sich Ihnen die Möglichkeit, sich an Innovationen zu beteiligen, die Sie selbst begeistern.

Nachteile von Crowdinvesting:

- Nicht jede großartige Idee führt auch automatisch zum Erfolg. Es besteht immer die Gefahr eines Totalverlustes des eingesetzten Kapitals.

- Wer sich nicht sonderlich gut mit der fraglichen Materie auskennt, kann selbst nur schwer einschätzen wie es um die Erfolgsaussichten einer Geschäftsidee tatsächlich bestellt ist.

- Ihr investiertes Geld ist auf Jahre hinaus gebunden und damit unflexibel. Ist die Finanzierung abgeschlossen, können Sie nur noch hoffen, dass alles gut geht.

- Teilweise undurchsichtige Preis- und Kostenstruktur der Plattformbetreiber.

Ich bin erst seit wenigen Monaten über Crowdinvesting an bislang vier Unternehmungen beteiligt, kann also noch keinen zuverlässigen und fundierten Bericht aus eigener Erfahrung zum Besten geben. Überzeugen konnte mich dabei einzig der Anbieter Companisto, der seinen Sitz in Berlin hat und einst selbst via Crowdinvesting ins Leben gerufen wurde. Am besten sehen Sie sich die Plattform einmal selbst unter nachfolgendem Link an:

www.companisto.com

ETF's

Sicherlich haben Sie schon einmal von einem Fonds gehört. Bei einem solchen Fonds handelt es sich um ein Aktienpaket, in dem die Aktien verschiedener Unternehmen gebündelt sind. Dieses Paket kann nun aus einigen wenigen, mehreren Dutzend oder auch weit über hundert Aktien bestehen und wird regelmäßig einer Prüfung unterzogen um die einzelnen Unternehmensaktien neu zu bewerten und entsprechend zu gewichten. Der Zweck des Ganzen besteht darin, durch den Erwerb möglichst gewinnbringender Aktien eine gute Gesamtperformance (sprich: Gewinnwachstum) des Fonds zu erzielen. Die Verwaltung des Fonds obliegt dabei einem Fondsmanager, der für seine Dienste natürlich entsprechend bezahlt werden will. Wer diesen Manager entlohnt, dürfte auf der Hand liegen, nämlich Sie als Anleger. Hierfür werden jährlich zwischen 0,3 und 3 % Ihrer Anlagesumme fällig. Hinzu kommen noch Verwaltungsgebühren und evtl. eine Depotbankvergütung. All das mindert natürlich Ihren Gewinn, außerdem werden die Gebühren auch dann fällig, wenn der Fonds gerade im Minus stehen sollte.

Eine attraktive Alternative zu solcherart aktiv gemanagten Fonds stellen sogenannte ETF's dar. Ein ETF („Exchange Traded Fund" oder zu Deutsch „Börsengehandelter Indexfond") benötigt keinen teuren Manager, da er einfach nur einen bestehenden Börsenindex nachbildet, also quasi kopiert.

„Was ist denn nun wieder ein Börsenindex?", werden Sie sich vielleicht fragen. Ein Börsenindex versucht einen bestimmten Teilbereich der Wirtschaft repräsentativ abzubilden. Wenigstens einen solchen Index kennen Sie auf jeden Fall, nämlich den DAX, der die 30 größten deutschen Unternehmen umfasst und somit Aufschluss über die gesamtwirtschaftliche Lage im Land geben soll. Jeder Index wird einer regelmäßigen Überprüfung unterzogen, da die 30 größten Konzerne von heute nicht zwangsläufig auch die 30 größten von morgen sein müssen, die beinhalteten Unternehmen werden dementsprechend immer wieder einmal ausgetauscht. Auch die Gewichtung innerhalb des

Indexes ist veränderlich, also welcher Stellenwert bzw. Aktienanteil den einzelnen Unternehmen beigemessen wird.

Diese regelmäßige Überprüfung, Einschätzung und Zusammenstellung von Indizes kostet natürlich ebenfalls Geld, da ja irgendwelche Zahlenjunkies diese Aufgabe übernehmen müssen. Ein ETF hingegen kopiert ganz einfach einen durch andere erstellten Index und ist damit um einiges günstiger, denn es fällt lediglich eine jährliche Verwaltungsgebühr von meist deutlich unter 1 % an. Zudem haben Studien ergeben, dass rund 90 % aller Fondsmanager nicht in der Lage sind, ein besseres Ergebnis zu erzielen als der Markt selbst. Das bedeutet im Klartext: Ein aktiv gemanagter Fonds schneidet in der Mehrzahl aller Fälle nicht besser ab als ein ETF, ist dafür aber um einiges teurer und unflexibler, da Sie Ihre Anteile nicht so schnell und unkompliziert wieder zu Geld machen können.

ETF's gibt es zwar schon länger, allerdings erfreuen diese sich erst seit wenigen Jahren steigender Beliebtheit. Unbekannt waren sie lange Zeit vor allem deshalb, weil es die Anlageberater der Banken tunlichst vermieden haben, sie ihren Kunden zu empfehlen – schließlich lässt sich damit kaum Geld verdienen. Der Kundenberater einer Bank ist nichts anderes als ein Verkäufer, in dessen Interesse es verständlicherweise liegt, Ihnen ein möglichst teures Produkt aufzuschwatzen. Deshalb ist es von so großer Bedeutung, dass Sie sich eigenständig und unvoreingenommen Informieren und Ihre Finanzen selbst in die Hand nehmen. Das Internet hat auch hier unschätzbare Dienste geleistet, denn so hat es wesentlich dazu beigetragen Indexfonds bekannter zu machen. Lesen Sie hier mehr über ETF's:

www.finanztip.de/indexfonds-etf/

Wenn Sie sich für die Investition in Indexfonds entscheiden, gehen Sie folgendermaßen vor:

1. Eröffnen Sie ein Depot. Ihre Hausbank dürfte sich hierzu allerdings nur in den seltensten Fällen eignen, da die Preisstruktur oftmals noch dem Bronzezeitalter entstammt und völlig überteuert ist. Wesentlich günstiger fahren Sie mit einem der vielen Online-Broker, die sich in den letzten Jahren einen regelrechten Preiskampf untereinander liefern. Vergleichen Sie die verschiedenen Anbieter miteinander, vor allem sollten Sie dabei auf eine kostenlose Depotführung und möglichst günstige Transaktionskosten pro Trade (Kauf oder Verkauf) achten. Ein nützliches Vergleichsportal finden Sie z. B. hier:

   www.finanzen.net/online-broker-vergleich/

2. Üblicherweise müssen Sie zur Eröffnung eines Depots einen Identitätsnachweis erbringen. Dies geht recht unkompliziert über das Post-Ident-Verfahren. Dabei drucken Sie das Anmeldeformular für Ihr zukünftiges Depot zu Hause aus, bringen es zur Post und weisen sich gleichzeitig mit Ihrem Personalausweis aus. Der Versand der Unterlagen ist häufig kostenlos.

3. Sobald Ihr Depot eröffnet ist, meist dauert das ca. 1 Woche, können Sie mit dem Börsenhandel beginnen. Informieren Sie sich vorab, welche kostenlosen ETF-Sparpläne Ihr Broker im Angebot hat.

Vorteile von ETF's:

- Kostengünstig, flexibel und durchschnittlich nicht schlechter als aktive Fonds.

- Sie investieren in Aktienpakete, das Risiko ist also im Vergleich zu Aktien von Einzelunternehmen deutlich geringer.

- Gehen Ihr ETF-Anbieter oder Broker Pleite, bleibt Ihr Depot davon unberührt.

- Mal gehen die Kurse rauf, mal gehen sie runter, im langfristigen Trend jedoch steigen sie. So hat etwa der DAX seit seinem Start am 01.07.1988 im Schnitt 8,7 % pro Jahr zugelegt.

- Bei vielen Brokern lassen sich kostenlose Sparpläne einrichten, mit deren Hilfe Sie einen fixen monatlichen Betrag in einen ETF Ihrer Wahl einzahlen. Haben Sie einen ETF gefunden, der Ihnen gefällt, können Sie die Angelegenheit mittels Sparplan automatisieren und brauchen kaum mehr Zeit damit zu verbringen.

- Sie können mit wenigen hundert Euro in die Märkte ganzer Länder oder in großflächige Wirtschaftszonen investieren und Ihr Risiko somit ausgesprochen breit streuen. Der MSCI World bildet sogar über 1.600 Unternehmen aus 23 Industrienationen rund um den Globus ab.

- Einige ETF's schütten wie auch Aktien von Einzelunternehmen eine in aller Regel jährliche Dividende aus. Diese Dividende können Sie entweder als passives Einkommen nutzen oder aber reinvestieren.

Nachteile von ETF's:

- ETF's eignen sich nur für den langfristigen Vermögensaufbau, da die Kurse auch schon mal für einige Jahre im Keller sein können. Geduld und Zeit müssen also auch hier die obersten Gebote sein.

- Auch im Falle von ETF's gibt es fragwürdige Produkte, wie z. B. gehebelte Fonds, die wahnsinnige Renditen versprechen, dafür aber extrem riskant sind. Halten Sie sich wie bei allen Finanzanlagen an den Grundsatz: Klingt ein Angebot zu gut um wahr zu sein, dann ist es das wahrscheinlich auch.

- Besteht für einen Indexfonds eine zu geringe Nachfrage, kann dieser vom Anbieter aufgrund niedriger Profitabilität geschlossen werden. Ihr Geld ist sodann zwar nicht verloren, sondern wird Ihnen entweder ausgezahlt oder aber es werden Ihnen entsprechende Anteile eines anderen Fonds angeboten. Ärgerlich kann es aber trotzdem sein, wenn Sie etwa den Fonds mochten oder er eine gute Dividende abwarf.

- Fonds, die sehr viele Aktienwerte repräsentieren, beinhalten oftmals keine echten Aktien, da es zu teuer für den Anbieter wäre, tatsächlich jedes einzelne Wertpapier in der entsprechenden Gewichtung zu kaufen (eine sog. „physische Replizierung"). In solch einem Fall behilft man sich mit sog. Swap-Geschäften, wobei eine Bank dem Fondsbetreiber die Wertentwicklung des abgebildeten Fonds zusichert. Der Vorteil von Swap-Kontrakten besteht darin, dass die Entwicklung des zugrundeliegenden Fonds wesentlich genauer abgebildet werden kann. Ein Nachteil entsteht jedoch dann, wenn die zusichernde Bank pleitegeht, da sodann auch Ihre Investition über den Jordan ginge.

- Die Zahl der angebotenen Indexfonds ist in den letzten Jahren geradezu explodiert, dementsprechend viel Geduld müssen Sie für die Recherche geeigneter ETF's aufbringen.

ETF's waren die ersten Finanzprodukte, in die ich mein Geld investiert habe. Auf die Einrichtung eines Sparplans habe ich dabei jedoch verzichtet, da ich gerne selbst entscheiden möchte, wann ich wieviel in welchen Indexfonds investieren will. Zudem fühle ich mich mit physischen ETF's wohler, da die Sicherheit einerseits größer ist, ich aber andererseits auch den Gedanken mag, die entsprechenden Aktien tatsächlich zu besitzen und nicht nur imaginär. Ich gehe dabei nach einer einfachen Strategie vor: Sind die Kurse gerade auf Talfahrt, kaufe ich nach, erweisen sie sich hingegen derzeit als Gipfelstürmer, bleibe ich passiv. Indexfonds betrachte ich als wichtige Basis meines Depots, die ich voraussichtlich auf Jahrzehnte hinaus halten und ausbauen werde.

Auch zu diesem Thema empfehle ich Ihnen sich eingehender zu Informieren und die vielen guten Blogs im Internet zu studieren. Machen Sie sich mit dem Prinzip eines Indexfonds vertraut und finden Sie heraus, welcher am besten zu Ihnen passt. Lassen Sie sich nicht von der schieren Masse des Angebots erschlagen, orientieren Sie sich für den Anfang an bekannten Indizes wie den DAX, S&P 500, Eurostoxx 600 usw. Je mehr Sie über dieses Anlageprodukt lernen, desto gezielter können Sie sich letztlich für einen oder mehrere ETF's entscheiden.

Aktien

Nun kommen wir zur Königsklasse des Investierens, die zwar zu den ältesten Anlageformen des Kapitalismus zählt, vielen Leuten aber noch immer Angst einflößt. Gerade nach den immer wieder vorkommenden Börsencrashs und Wirtschaftskrisen ziehen sich viele Menschen als gebranntes Kind von den Aktienmärkten zurück und erzählen lang und breit davon, wie gefährlich der Handel mit Aktien doch sei. Nun, ein gewisses Risiko besteht natürlich immer, besonders hoch ist es jedoch dann, wenn man keinen blassen Schimmer hat von dem, was man tut, gierig wird oder es mit der Angst zu tun bekommt. Der Handel an der Börse hat unglaublich viel mit Psychologie zu tun und nur in wenigen anderen Bereichen verhalten sich Menschen so unvernünftig und dumm wie dort: Wenn die Kurse aufgeblasen sind und ein unnatürlich hohes Niveau erreicht haben, kaufen sie ein, wenn die Blase platzt und die Werte in den Keller rauschen, verkaufen sie. Das umgekehrte Verhalten führt zum Erfolg, nämlich günstig einkaufen und teuer verkaufen. Dies funktioniert natürlich nur, wenn man gut informiert ist und abschätzen kann, welche Aktien derzeit völlig überteuert sind und welche das Potenzial besitzen, in Zukunft zu steigen.

Werfen Sie nur einmal einen Blick auf die Entwicklung des Bitcoin, den Sie zwar nicht direkt mittels Wertpapieren erwerben können, der aber mit einem Goldrausch an der Börse durchaus vergleichbar ist. Erst als das Wort „Kryptowährung" längst in aller Munde war und der Wechselkurs bereits jenseits von Gut und Böse stand, wollten viele unbedingt auf den Zug aufspringen und hofften auf das große Geld. Dabei wurde dem Bitcoin von so manchem „Experten" das Potenzial bescheinigt, schon bald die 100.000-Euro-Grenze zu durchbrechen. Ende 2017 schien der Höhepunkt mit nicht ganz 17.000 € jedoch erreicht worden zu sein (am 23.01. ist er gar unter die 10.000-€-Marke gefallen), zudem hätten Sie spätestens im Juli einsteigen müssen, um von der unglaublichen Steigerung um annähernd 2000 % zu profitieren. Allerdings war der Bitcoin im Sommer des Jahres 2017 noch weitgehend ein Insiderbegriff, die Masse hat erst von der ganzen Sache erfahren als es schon beinahe zu spät war.

Kurszuwächse um das 10- oder 20-fache sind indes gar nicht einmal so selten wie man vielleicht annehmen könnte – man hört nur deutlich seltener davon, als im Falle von Bitcoin und Konsorten. Sonderfälle, die eine solche Vervielfachung begünstigen, stellen die immer wiederkehrenden Einbrüche an den Börsen dar, vor denen sich so viele Menschen fürchten. Ein Börsencrash ist nämlich nur dann schlecht für Sie, wenn Sie Ihr ganzes Geld in überteuerte Aktien gesteckt haben und nun von der Realität eingeholt werden. Während einer sogenannten Krise lassen sich aber auch die Aktien von soliden und über viele Jahrzehnte stabilen Unternehmen zu Schnäppchenpreisen erwerben, ein Crash stellt also auch eine Chance in Form eines drastischen Preisnachlasses oder Sonderverkaufs dar.

Nehmen wir z. B. Coca Cola, McDonald's oder Microsoft. Es ist kaum damit zu rechnen, dass eines dieser namhaften Unternehmen in absehbarer Zeit von einer Insolvenz betroffen sein wird, dennoch können auch deren Aktienwerte nach einer geplatzten Blase weit abstürzen. Dies geschieht unter anderem deshalb, weil die Menschen durch die Krise, die ihren Ursprung ganz woanders haben kann, in Panik geraten und nun um ihr Vermögen fürchten. Also verkaufen sie mit großen Verlusten und lösen dadurch eine Kettenreaktion aus, da immer mehr Investoren durch die fallenden Kurse von der Panik mitgerissen werden. Die Aktien, etwa von Coca Cola, sind nun zu einem Bruchteil des Preises zu bekommen, den sie noch bis vor wenigen Tagen oder Wochen gekostet hätten, dem Unternehmen selbst geht es aber unverändert gut, da die Krise beispielsweise den Immobilienmarkt oder die High-Tech-Industrie betroffen hat. Wird Coca Cola von nun an weniger Softdrinks verkaufen können, nur weil gerade eine Immobilienblase geplatzt ist oder einige Softwarefirmen vor dem Ruin stehen? Wohl kaum.

Um bei den genannten Beispielen zu bleiben und das Ganze zu verdeutlichen: Nach der durch die geplatzte Immobilienblase in den USA ausgelöste internationale Finanzkrise in 2007/2008 sackte die Aktie von Coca Cola von gut 21 € auf etwas über 15 € ab, sieben Jahre später stand sie bereits wieder auf einem Kurs von über 40 €. McDonald's hingegen zeigte sich von den Turbulenzen kaum beeindruckt und stieg unbeirrt von 35,50 € im Juni 2008 bis auf 144,55 € im Dezember 2017, immerhin eine Steigerung um das Vierfache. Auch die Firma Microsoft, die mit Immobilien bekanntermaßen nicht allzu viel zu tun hat, brach von 25,40 € im Oktober 2007 bis Februar 2009 um gut die Hälfte auf 12,90 € ein. Heute können Sie die Aktie von Microsoft für stolze 73,40 € erwerben, sie hat sich seither also annähernd versechsfacht. Hätten Sie auf dem Tiefpunkt Ihr Depot mit Microsoft-Aktien für 2.000 € bestückt, würden diese heute einem Wert von knapp 11.400 € entsprechen. Kein schlechtes Ergebnis dafür, lediglich einige Jahre geduldig ausharren zu müssen, oder?

Lassen Sie mich noch ein letztes Beispiel anführen, das sich weniger auf allgemeine Krisen als vielmehr auf individuelle unternehmerische bezieht. Nach dem Abgasskandal im September 2015 stürzte die Aktie von VW von 247,80 € auf 97,70 € ab, heute kostet sie bereits wieder 184 €. Mit gutem Timing hätten Sie Ihr Geld also innerhalb von nur 2 Jahren verdoppeln können. Noch größere Kurssteigerungen sind mit kleineren und eher unbekannten Unternehmen möglich, allerdings ist eben auch das Risiko einer Insolvenz größer.

Okay, noch ein allerletztes Beispiel, schließlich habe ich Sie mit der Bitcoin-Nummer so richtig heiß gemacht, bislang aber noch keine einzige Aktie angeführt, die sich tatsächlich verzehnfacht hätte. Hier kommt sie nun also, die Kryptowährung unter den Aktien: Amazon. Von Anfang 2008 bis Ende 2009 dümpelte der Aktienkurs von Amazon bei 40 bis 50 € vor sich hin, danach ging es rasch bergauf und nun werfen Sie mal einen Blick auf den aktuellen Wert (18.01.2018) der Amazon-Aktie: 1.050 € - der Kurs ist innerhalb von nicht einmal zehn Jahren um das 21fache gestiegen! Hätten Sie sich damals mit 5.000 € an dem noch recht jungen aufstrebenden Unternehmen beteiligt, könnten Sie sich heute über einen Depotwert von etwa 105.000 € freuen. Freilich hat der Aufstieg wesentlich länger gedauert als im Falle von Bitcoin, dafür ging er aber stetig und stabil nach oben, wohingegen sich der Hype um die derzeit noch ziemlich instabilen Kryptowährungen vermutlich als kurzlebige Episode erweisen wird, die sicherlich mindestens ebenso viele Leute, wie von ihr profitiert haben, ein Vermögen gekostet hat.

Vergessen Sie nicht, auch an der Börse gilt, dass Geld bzw. Aktienwerte nicht einfach so aus dem Nichts entstehen und ebenso wenig wieder ins Nichts verschwinden. Wenn Ihre Aktien an Wert zugelegt haben, sind andere Investoren derzeit lediglich dazu bereit, für die gleiche Aktie einen höheren Preis zu bezahlen, als Sie bei ihrem Kauf dafür hinblättern mussten. Es besteht also eine höhere Nachfrage nach dieser speziellen Aktie, weil das Unternehmen z. B. gerade sehr erfolgreich ist. Sinkt der Wert hingegen, ist gerade ein Überangebot vorhanden, da mehr Investoren ihre Aktien zum Verkauf anbieten, als Käufer dafür zu finden sind. Dieses Ungleichgewicht von Angebot und Nachfrage bestimmt den Preis, wie wir schon einmal irgendwo gehört haben. Beim Kauf und Verkauf von Aktien wechselt der Geldwert des fraglichen Wertpapiers lediglich den Besitzer, es findet gewissermaßen eine Umverteilung statt. Kluge Aktienanleger machen demnach das gleiche, das alle erfolgreichen Händler schon seit Jahrtausenden tun: günstig einkaufen, teuer verkaufen. Hierzu eine passende Börsenweisheit, die Sie verinnerlichen sollten: Die Gewinne entstehen bereits beim Kauf einer Aktie, nicht erst bei deren Verkauf.

Wenn Sie nun also auf dem Höhepunkt bzw. Tiefpunkt des nächsten Crashs ein paar hübsche Coca-Cola-Aktien kaufen oder auf den nächsten Abgasskandal warten und sich in den darauffolgenden Monaten oder vielmehr Jahren an den steigenden Kursen erfreuen, dann hat sich zunächst einmal lediglich der Wert Ihrer Aktien erhöht, echtes Geld haben Sie damit noch nicht verdient. Außer der Dividenden, versteht sich, die regelmäßig auf Ihr Depot eingehen. Früher oder später wird nun eine Phase folgen, da die Aktien von Coca Cola vollkommen überteuert sind (im Fachjargon spricht man von „überbewertet") und Sie unter Umständen über einen Verkauf nachdenken sollten. Wer sich geschickt anstellt, schafft es auf diese Weise unterbewertete Aktien herauszupicken, zu warten bis auch alle anderen diesen Umstand erkannt haben und zu kaufen beginnen, und seine Anteile, sobald sich der Zenit abzuzeichnen beginnt, wieder abzustoßen.

Neben der Kunst, sich der psychologischen Komponente bewusst zu sein und die eigenen Schwächen unter Kontrolle zu behalten, müssen Sie demnach außerdem verstehen wie man

Unternehmen richtig einschätzt und bewertet. Diese Fertigkeit müssen Sie sich unbedingt aneignen, doch ist sie bei weitem nicht so schwer zu erlernen wie Sie vielleicht glauben mögen und kann außerdem enormen Spaß bringen. Hierzu gibt es viele gute Bücher, um deren Lektüre Sie kaum herum kommen werden, wenn Sie sich für den Handel an der Börse entschließen sollten. Einmal mehr gilt, dass Sie die Autobiografie von Daniela Katzenberger erst einmal zur Seite legen sollten und Ihre erste und wichtigste Investition diejenige in Ihre finanzielle Bildung sein muss.

Vorteile von Aktien:

- Sie werden Teilhaber eines Unternehmens und partizipieren an dessen wirtschaftlichem Erfolg. Durch den Kauf von Aktien stellen Sie dem Unternehmen Geld zur Verfügung, das dieses nutzen kann, um neue Projekte zu finanzieren, Forschung zu betreiben oder neue Märkte zu erschließen.

- Kaum eine andere Investition bietet derartige Gewinnchancen wie der Erwerb von Aktien. Wenn Sie klug vorgehen, geduldig sind und etwas Glück haben, lassen sich Renditen von mehreren hundert Prozent erzielen.

- Aktien sind sehr flexibel und können innerhalb kürzester Zeit verkauft und damit zu Geld gemacht werden.

- Durch das Investieren in traditionsreiche, solide Unternehmen lässt sich das Risiko minimieren, da in aller Regel kaum davon auszugehen ist, dass diese in absehbarer Zeit das Zeitliche segnen werden. Dafür gewinnen deren Aktien für gewöhnlich nur sehr langsam an Wert und ein Einstieg lohnt sich fast nur während eines Kurseinbruchs.

- Der Handel mit Aktien macht Spaß und erweitert den

Horizont, da Sie Einblicke in die Vorgänge von Unternehmen gewinnen, die Ihnen ansonsten vermutlich verborgen geblieben wären. Bei mir hat die Beschäftigung mit Aktien dazu geführt, dass ich mit offenen Augen durch den Tag gehe und immerzu nach neuen Unternehmen und potenziellen Investitionsmöglichkeiten Ausschau halte. Außerdem verfolge ich seither die Nachrichten wesentlich interessierter.

- Sie können in Unternehmen investieren, deren Produkte oder Politik Sie gut finden. So lassen sich etwa Anteile an Firmen erwerben, die sich um die weltweite Wasserversorgung bemühen, Sie können am Wachstum von Amazon, Google und Co. teilhaben oder Firmen ausschließen, die Waffen produzieren oder mit Pornografie zu tun haben. Andererseits besteht dadurch aber auch die Gefahr, dass Sie eine Aktie nur aus Sympathie erwerben, die wirtschaftliche Vernunft hintanstellen, etwa die zukünftige „Beate Uhse Aktie" kaufen und damit viel Geld in den Sand setzen (seit dem Börsengang von Beate Uhse im Mai 1999 ist der Aktienkurs zunächst von 7,20 € auf 28,20 € am dritten Handelstag hochgeschnellt, seither aber kontinuierlich bis auf derzeit 10 Cent gefallen).

Nachteile von Aktien:

- Die Chance auf hohe Gewinne birgt auch immer das Risiko hoher Verluste in sich. Ohne Wissen und Disziplin besteht hier keine Aussicht auf Erfolg.

- Wenn Sie zum falschen Zeitpunkt kaufen, können auch die Aktien solider Firmen für Jahre in den Keller rauschen. Wenn Sie Ihre Verluste nicht realisieren wollen, bleibt Ihnen nichts anderes übrig als die Talfahrt auszusitzen.

- Die Gefahr, von einem Rausch erfasst oder einer Panik mitgerissen zu werden, ist sehr groß. Langfristig erfolgreich ist nur, wer einen kühlen Kopf bewahrt. Cool zu bleiben ist aber nur dann möglich, wenn man mit Geld hantiert, das man in absehbarer Zeit nicht dringend für andere Dinge benötigt. Gehen Sie daher niemals mit der Miete der nächsten Monate oder den zur Seite gelegten Kreditraten Ihres Autos an die Börse.

- Die Verlockung, sich auf „Geheimtipps" und „todsichere Aktien" einzulassen oder auf Panikmache hereinzufallen, ist allgegenwärtig. Hören Sie niemals auf die unzähligen Experten und Börsengurus sondern verlassen Sie sich stets nur auf Ihr eigenes Urteil. Beinahe täglich ist zu lesen, die nächste Krise stünde vor der Tür und nur durch den Kauf von Aktie XY ließe sich diese erfolgreich überstehen. Es ist ohne Frage wahr, dass es wieder und wieder Krisen geben wird – nur zuverlässig vorhersagen konnte sie auch in der Vergangenheit kein Einziger dieser „Experten".

- Wer nicht an Politik oder Wirtschaft im Allgemeinen interessiert ist und auch die Nachrichten kaum verfolgt, der wird es schwer an der Börse haben. In jedem Fall werden ihm viele günstige Gelegenheiten durch die Lappen gehen.

- Außergewöhnlich erfolgreich wird nur derjenige sein, der bereits über Informationen verfügt, noch bevor diese in den Nachrichten erscheinen. Einen solchen Wissensvorsprung zu erlangen ist schwer, aber nicht unmöglich. Am einfachsten gelangen Sie an solches Insiderwissen, wenn Sie sich auf das Unternehmen bzw. die Branche konzentrieren, in der Sie oder Ihr Lebenspartner arbeiten und in der Sie sich schon allein deshalb sehr gut auskennen.

- Das Aufspüren von vielversprechenden Aktien erfordert einen gewissen regelmäßigen Zeitaufwand. Wenn Sie nicht direkt aktiv suchen, sollten Sie zumindest Augen und Ohren offen halten.

- Aufgrund von Orderprovisionen, Handelsplatz- und Maklergebühren lohnt der Handel mit niedrigen Aktienwerten in aller Regel nicht. Ein Einstieg ist erst ab Beträgen von 500 bis 1.000 € sinnvoll.

Wenn Sie bereits ein Depot eröffnet haben um Ihren ersten ETF zu erwerben, dann können Sie über dieses Depot auch Aktien kaufen. Ich rate Ihnen von anderen Finanzprodukten wie Optionsscheinen oder Futures die Finger zu lassen. Die möglichen Gewinne mögen beeindrucken erscheinen und die Gier in Ihnen wecken, doch ist die Gefahr, alles zu verlieren, einfach viel zu groß und steht in keinem Verhältnis zu den Gewinnaussichten.

Wie schon erwähnt ist es tatsächlich möglich, dass sich der Wert einer Aktie verdoppelt oder vervielfacht. Zum richtigen Zeitpunkt gekauft, lässt sich so selbst aus relativ kleinen Beträgen ein beachtliches Vermögen aufbauen. Dabei dürfen Sie allerdings nicht vergessen, dass einem solchen Gewinn auch immer einige Verluste gegenüberstehen, wodurch sich Ihre Gesamtrendite relativiert. Denn auch Profis liegen mit ihrer Einschätzung immer wieder mal daneben und fahren Verluste ein. Mit Wissen, Disziplin und Erfahrung lässt sich langfristig jedoch ein jährliches Plus von schätzungsweise 10 bis 15 % realisieren.

Ich kann auch an dieser Stelle nur wiederholen, wozu ich Ihnen am Ende von beinahe jedem Absatz geraten habe: Lesen Sie, lernen Sie und bleiben Sie am Ball, denn es ist Ihr Geld und Ihre finanzielle Zukunft. Ohne ein wenig Zeit und Mühe werden Sie in keinem Bereich Ihres Lebens erfolgreich sein, nehmen Sie also ihre Finanzen selbst in die Hand und beginnen Sie mit dem Aufbau Ihres Vermögens. Nutzen Sie hierzu vorzugsweise eine Einkommensquelle, deren Höhe Sie als Gastronom selbst entscheidend beeinflussen können: Ihr Trinkgeld.

Diversifizieren, diversifizieren, diversifizieren!

Sagen Sie das fünfmal ganz schnell hintereinander. Diversifikation bedeutet, das Risiko zu streuen um nicht auf eine einzige Einkommensquelle bzw. Geldanlage angewiesen zu sein. Oft wird Risikostreuung auch mit dem bekannten Sprichwort umschrieben, man solle nicht alle Eier in einen Korb legen. Was würde nämlich passieren, wenn uns der Korb herunterfiele?

In der Praxis macht es daher durchaus Sinn, nicht sein gesamtes Vermögen in nur eine einzige Anlage zu stecken. Angenommen Sie kaufen mit Ihrem Ersparten Aktien von Coca Cola, der nächste Börsenkrach steht ins Haus und die Kurse stürzen ab. Es würde wohl Jahre dauern, bis Ihre Aktien wieder ihren alten Wert erreicht hätten und da Sie alles auf eine Karte gesetzt haben, stünden Sie nun ziemlich bedeppert da. Kein besonders schönes Gefühl, wenn der fallengelassene Eierkorb einen Wert von zehntausend Euro und mehr besitzt.

Diversifizieren können Sie, indem Sie nicht nur Coca Cola Aktien sondern auch diejenigen anderer Unternehmen kaufen. Idealerweise ist dabei jedes Unternehmen in einer anderen Branche tätig, damit im Falle einer Branchenkrise nicht alle Aktien gemeinsam in den Keller rauschen. Streuen können Sie aber auch nach Ländern, Wirtschaftsräumen und Anlageprodukten. Mit ETF's lässt sich eine solche Streuung besonders einfach erreichen, da sich je nach Indexfonds in ganze Branchen, Länder oder Wirtschaftszonen investieren lässt. Sie können es aber auch mir gleichtun und Ihr Geld auf alle vier der auf den vorangegangenen Seiten vorgestellten Investitionsmöglichkeiten verteilen.

Allerdings gibt es in Bezug auf die Diversifikation auch verschiedene Ansichten. Einige Finanzprofis halten sie für unerlässlich, andere hingegen behaupten, man würde damit nur die eigene Rendite unnötig abschwächen. Wieder andere machen das Ausmaß der Streuung vom zur Verfügung stehenden Kapital abhängig, wobei ihrer Meinung nach kleinere Summen weniger breit gestreut werden sollten als größere. In dieser Hinsicht ist guter Rat teuer und letztlich müssen Sie selbst herausfinden mit welcher Vorgehensweise Sie sich am wohlsten fühlen.

Vergessen Sie den Fiskus nicht

Bis hierher habe ich einige Möglichkeiten behandelt, wie sich Ihr Einkommen durch kluges Sparen und Investieren vermehren lässt. Dabei dürfen Sie aber nicht vergessen, dass auch der Fiskus gerne einen Teil davon abhaben möchte. Um das Thema nicht zu sehr auszuweiten und in Anbetracht des Umstandes, dass ich kein Steuerberater bin, hier noch einige wichtige Hinweise (Stand 31.01.2018):

1. Trinkgelder sind in Deutschland steuerfrei, sofern sie nicht in Form einer Pauschale auf die Preise aufgeschlagen werden oder aus einem Tronc stammen.

2. Einkünfte aus Kapitalerträgen müssen in Deutschland hingegen versteuert werden.

3. Ihnen steht ein jährlicher Freibetrag in Höhe von 801 € zu. Alle darüber liegenden Einkünfte aus Geldanlagen unterliegen der Kapitalertragssteuer.

4. Der Steuersatz beträgt derzeit 25 % zzgl.

Solidaritätszuschlag und Kirchensteuer.

5. Ihr Online-Broker mit Sitz in Deutschland ist dazu verpflichtet die anfallenden Steuern direkt an den Fiskus abzuführen. Sie brauchen sich hierbei also um nichts weiter zu kümmern, vergessen Sie jedoch die Erteilung eines Freistellungsauftrages nicht, damit Sie Ihren Freibetrag von 801 € pro Jahr nicht verschenken.

6. Andere Anlageprodukte mit Sitz im Ausland wie etwa P2P-Kreditplattformen aus Estland machen es erforderlich, dass Sie die Erträge in Ihrer Steuererklärung selbst angeben.

7. Verluste aus dem Verkauf von Aktien können Sie mit Ihren Gewinnen gegenrechnen.

Informieren Sie sich auch in diesem weniger angenehmen Bereich unbedingt mit Hilfe weiterführender Literatur oder Ihres Steuerberaters, damit Sie hinterher keine bösen Überraschungen erleben. Wenn es um Steuerhinterziehung geht, verstehen die Finanzämter bekanntlich keinen Spaß und ich rate Ihnen in jedem Fall dazu von vornherein ehrlich zu sein. Sie mögen es als ungerecht empfinden, einen Teil Ihrer Gewinne an den Staat abgeben zu müssen, da Sie sich doch die ganze Mühe gemacht, Bücher gewälzt und Blogs gelesen haben. Vergessen Sie jedoch nicht, dass sich Ihre Zinserträge und Renditen nicht wirklich einfach so aus dem Äther materialisieren sondern vielmehr von anderen Menschen und deren Arbeitsleistung, Fleiß und unternehmerischem Wagnis erst einmal erwirtschaftet werden müssen. Außerdem ist die Kapitalertragssteuer im Vergleich zu Lohn- und Einkommenssteuer nicht übermäßig hoch, sodass am Ende immer noch genug für Sie und den Aufbau Ihres Vermögens übrig bleiben sollte.

Schlusswort

Nun, da Kellner und Barkeeper mit Hilfe der in diesem Buch behandelten Tipps und Tricks in Zukunft die Welt beherrschen werden, gibt es nicht mehr allzu viel zu sagen. Wenn Sie sich nicht ganz dumm anstellen und bereit sind sich weiterzubilden und gelegentlich das eine oder andere Buch in die Hand zu nehmen, dann sollte es Ihnen ohne Schwierigkeiten gelingen in ein paar Jahren ein kleines Vermögen aufzubauen. Was Sie am Ende mit der ganzen Kohle anstellen, bleibt selbstverständlich Ihnen überlassen, doch rate ich Ihnen in jedem Fall davon ab, alles abzuziehen und auszugeben. Gelegentlich einen Teil seiner Investitionen zu entnehmen um sich davon etwas zu gönnen, soll in jedem Fall erlaubt sein, doch sollten Sie den Großteil im Kreislauf belassen um möglichst stark vom Zinseszinseffekt zu profitieren. Wie lange und wie viel Sie investieren, hängt natürlich ebenfalls davon ab, welche Ziele Sie sich gesetzt haben. Wenn ich heute auf mein einmal jährlich hereinflatterndes Renteninformationsblatt schaue, dann weiß ich nicht so recht, ob ich lachen oder weinen soll. Für mich jedenfalls ist klar, dass mir mein bescheidenes Vermögen als Absicherung im Alter dienen soll. Wenn dabei schon zuvor ein nettes kleines passives Einkommen herausspringen sollte, ist das umso besser.

Es ist ein Paradoxon des Kapitalismus, dass er nur durch Konsum aufrechterhalten werden kann, man jedoch am stärksten von ihm profitiert, indem man den eigenen Konsum einschränkt während alle anderen auch weiterhin ungeniert ihren materiellen Bedürfnissen hinterher jagen. Wenn nun jeder Einzelne die Tipps in diesem Buch beherzigen würde, bräche das System vermutlich zusammen, da Renditen und Gewinne nur dann entstehen können, wenn die Menschen möglichst wenig sparen und ihr Geld stattdessen mit vollen Händen ausgeben. Da jedoch auch für die Zukunft davon auszugehen ist, dass die große Mehrzahl der Menschen den Verlockungen des „westlichen Lebensstils“ nicht wird widerstehen können, brauchen sich alle klugen Nutznießer des Systems kaum zu sorgen. Der Kapitalismus mag immer wieder heftige Krisen durchleben, von Zeit zu Zeit in der öffentlichen Kritik stehen und zum wiederholten Mal seinem proklamierten Abgesang lauschen, sein Ende ist jedoch wohl noch lange nicht gekommen.

Unter www.thomas-majhen.de/buchempfehlungen finden Sie die mehrfach von mir angepriesene weiterführende Literatur. Daneben gibt es selbstverständlich noch viele andere gute Bücher zu den jeweiligen Themen, das diesbezügliche Angebot ist in den letzten Jahren gewaltig angewachsen. Die Hauptsache ist, Sie beschäftigen sich mit Ihren Finanzen und bleiben geistig in Bewegung. Für die Basis und Anregung sollte spätestens jetzt gesorgt sein, alles Weitere bleibt Ihnen selbst überlassen.

Wenn Sie die in diesem Buch angegebenen und als solche gekennzeichneten Affiliate-Links nutzen, tun Sie mir damit einen finanziellen Gefallen, der Sie nichts weiter kostet als ein paar Klicks. Daneben würde ich mich freuen, wenn Sie sich die Zeit nehmen und bei Amazon und Co. eine ehrliche Rezension hinterlassen würden - denken Sie bei alledem nicht nur an Ihre eigene Rente sondern auch an meine! Fragen, Wünsche, Anregungen und Drohungen nehme ich gerne unter t.majhen@outlook.de entgegen.

Weitere Bücher des Autors

"In der Gastronomie zu arbeiten, ist wie Pornofilme drehen: Man muss Stehvermögen besitzen, sollte auch mit abstoßenden Menschen professionell umgehen können – und kommt nicht umhin, sich gelegentlich auch mal anwichsen zu lassen."

Nur wenige Berufe sind derart eng mit dem täglichen Leben der Allgemeinheit verwoben wie der des Bartenders. Die smarten Typen hinter dem Tresen sind meist ein fester Bestandteil unseres Freizeitlebens, sie sind unsere Animateure, unsere Psychiater und unsere Kumpels - manch einer beneidet sie gar um ihren legendären Ruf als vermeintlich frauenverschlingende Ladykiller. Der vorliegende Essay durchdringt die schillernde Blase aus irreführender Idealisierung und surrealer Mythenbildung, die den Beruf schon seit jeher zu umgeben scheint und wirft ein schonungsloses Licht in die vielen dunklen Ecken und Winkel, die dem Außenstehenden meist verborgen bleiben. Die enthaltenen Erfahrungen, Ansichten, Lebensweisheiten und Anekdoten verstehen sich als konzentrierte Essenz eines 15jährigen Berufslebens.

Lassen Sie sich entführen in einen Mikrokosmos, den Sie so vermutlich noch nicht kennengelernt haben . . .

In den 1860er Jahren erstmals erschienen und mehrfach überarbeitet, zählt Harry Johnsons Handbuch für Barmänner (Originaltitel "Bartenders' Manual") zu den Klassikern der Barliteratur und ist eines der ältesten Bücher zum Thema. Die vorliegende Ausgabe ist eine vollständige Übersetzung der letzten Auflage von 1934 und erscheint zum ersten Mal überhaupt in deutscher Sprache.

Das Handbuch für Barmänner ist nicht nur ein Fenster in die Vergangenheit, es zeigt außerdem auf wie professionell einige Barkeeper schon damals ihrem Beruf nachgingen - eine Tatsache, die wir heutzutage nur allzu gerne vergessen oder ignorieren und die USA des 19. Jahrhundert stattdessen vielmehr mit staubigen Westernsaloons und schmutzigen Biergläsern in Verbindung bringen. Dieses Buch ist ein Muss für Profis ebenso wie für enthusiastische Hobbymixer.

Alle Bücher und mehr finden Sie auch unter

www.thomas-majhen.de

34049712R00066

Printed in Poland
by Amazon Fulfillment
Poland Sp. z o.o., Wrocław